国家高端智库研究报告

新时代国家应急管理发展战略研究

易昌良 著

人民出版社

目　录

前　言

我国是世界上自然灾害最为严重的国家之一，灾害种类多、分布地域广、发生频率高、造成损失重，这是一个基本国情。同时，各类事故隐患和安全风险交织叠加，影响公共安全的因素日益增多。因此，加强应急管理体系和能力建设，既是一项紧迫任务，又是一项长期任务。

新中国成立后，党和国家始终高度重视应急管理工作，我国应急管理体系不断调整和完善，应对自然灾害和生产事故灾害能力不断提高，成功应对了一次又一次重大突发事件，有效化解了一个又一个重大安全风险，创造了许多抢险救灾、应急管理的奇迹，我国应急管理体制机制在实践中充分展现出自己的特色和优势。

党的十八大以来，以习近平同志为核心的党中央高度重视应急管理工作，不断优化和完善应急管理体系，提高应对自然灾害、突发公共卫生事件和生产事故灾难的能力，创造了许多抢险救灾、应急管理的奇迹，充分展现出我国应急管理体制机制的特色和优势。2018 年 4 月 16 日，新组建的国家应急管理部挂牌。国家应急管理部先后整合了原有 11 个部门的 13 项职责，其中包括 5 个国家指挥协调机构的职责，完成了公安消防、武警森林两支部队近 20 万人的转制，组建了国家综合性消防救援队伍。这项工作涉及部门多、任务重、跨军地、影响面广，极大地推动了中国应急管

1

理工作专业化管理、全过程管理和应急资源集约化管理的进程，为健全国家应急管理体系奠定了坚实基础。2019 年，是国家应急管理部门组建到位后全面履职的第一年，是应急管理体系和能力建设整体谋划布局之年，也是各类灾害事故风险挑战明显上升的一年，大事多、难事多、急事多。党的十九届四中全会明确提出，"构建统一指挥、专常兼备、反应灵敏、上下联动的应急管理体制，优化国家应急管理能力体系建设，提高防灾减灾救灾能力"。我国应急管理部党组坚持以习近平新时代中国特色社会主义思想为指导，认真贯彻党中央、国务院各项决策部署，坚持标本兼治、长短结合，坚持以改革为动力、以关键带全局，在狠抓防控重大安全风险不放松的同时，系统推进应急管理事业纵深发展。各地应急管理部门在党委政府领导下，积极履职、开拓进取。不驰于空想，不骛于虚声，一步一个脚印，应急管理事业取得新进展——应急管理大的体制已经明确，新的机制基本形成，力量体系初步建立，应急救援能力和效率显著提高，新部门新机制新队伍的优势日益显现，打了一场又一场大仗、硬仗、胜仗，打出了应急管理牌子、形象和声誉。习近平总书记在主持中央政治局第十九次集体学习时，强调"要发挥我国应急管理体系的特色和优势，借鉴国外应急管理有益做法，积极推进我国应急管理体系和能力现代化"。这进一步明确了中国应急管理体系建设的重要性以及努力方向，为持续完善中国应急管理体系提供了根本遵循。2022 年 2 月 14 日，国务院印发的《"十四五"国家应急体系规划》中指出，坚持党的领导、以人为本、预防为主、依法治理、精准治理、社会共治，到 2025 年，应急管理体系和能力现代化建设取得重大进展，形成统一指挥、专常兼备、反应灵敏、上下联动的中国特色应急管理体制，建成统一领导、权责一致、权威高效的国家应急能力体系，防范化解重大安全风险体制机制不断健全，应急救援力量建设全面加强，应急管理法治水平、科技信息化水平和综合保障能力大幅提升，安全生产、综合防灾减灾形势趋稳向好，自然灾害防御水平明显提升，全社会防范和应对处置灾害事故能力显著增强。到 2035 年，建立与基本实现现代化相适应的中国特色大国应急体系，全面实现依法应急、科学应急、智慧应急，形成共建共治共享的应急管理新格局。

序　一

当今世界正经历百年未有之大变局,各种可以预见和难以预见的风险因素明显增多,且越来越呈现出自然与人为致灾因素相互联系,传统安全和非传统安全因素相互作用,既有社会矛盾和新生社会矛盾相互交织等特征。自然灾害、事故灾难、公共卫生事件、社会安全事件相互联系、相互影响、相互转化,有时还相互叠加、耦合。

应急管理是国家治理体系和治理能力的重要组成部分,承担防范化解重大风险、及时应对处置各类突发事件的重要职责,担负保护人民群众生命财产安全和维护社会稳定的重要使命。

党的十八大以来,以习近平同志为核心的党中央对应急管理工作高度重视。习近平总书记站在实现"两个一百年"奋斗目标、保障中华民族长远发展的战略高度,对应急管理工作作出一系列重要指示,提出一系列新理念,从增强忧患意识、防范风险挑战,树立红线意识、统筹安全与发展,坚持底线思维、强化应急准备,完善体制机制、加强能力建设,抓好安全生产、推进防灾减灾救灾"三个转变"等方面进行了全方位、立体式的深刻阐述,立意高远、内涵丰富、体系完整、逻辑严密,形成了习近平总书记关于应急管理的重要论述,是习近平新时代中国特色社会主义思想的重要组成部分,是指导新时代应急管理事业发展的根本遵循和行动指南。

"备豫不虞，为国常道"。提高国家应急管理能力和水平，提高防灾减灾救灾能力，确保人民群众生命财产安全和社会稳定，是我们党治国理政的一项重大任务。国家安全和社会稳定是改革发展的前提，也是改革发展的目标。以习近平同志为核心的党中央把国家应急管理能力建设纳入"总体国家安全观"的战略框架下进行统筹谋划和整体设计，以深化党和国家机构改革为契机，改革应急管理机构设置，优化应急管理职能配置，加快构建适应新时代新任务要求的国家应急管理体制，不断增强国家应急管理体制系统性、整体性、协同性，推动了国家应急管理体系和应急能力现代化的深刻变革。同时，我国中央和地方政府开始探索实施"关口前移"，在社会治理创新中健全重大决策社会稳定风险评估机制，实施社会稳定全面风险治理。

全面推进国家公共安全治理体系和治理能力现代化，必须坚持高质量发展与高水平安全良性互动，以高水平安全保障高质量发展，发展与安全动态平衡，相得益彰。坚持科技引领、管理提升、文化培育三足鼎立支撑模式，突破传统思维定式；完善健全安全领域的法律法规和行业标准规范，推动公共安全行业标准规范建设，加快相关标准的制定和出台，建立与公共安全发展相适应的科学系统的标准体系；着力加强全社会安全能力建设，健全公共安全管理机制，提高公共安全智慧化水平，增强国家和城市的安全韧性。加强和创新社会治理，推进国家治理体系和治理能力现代化，重心和难点均在基层。要提升创新国家治理能力，对实践经验进行科学总结与理论提升至关重要。迈入新的发展阶段，要贯彻落实党的十九届六中全会精神，准确识变、科学应变、主动求变，确保社会经济各项事业稳定发展。

2022 年党的二十大胜利召开，这是全党全国各族人民迈上全面建设社会主义现代化国家新征程、向第二个百年奋斗目标进军的关键时刻召开的一次十分重要的大会。报告用专章部署推进国家安全体系和能力现代化建设，强调把维护国家安全贯穿党和国家工作各方面全过程，为新时代应急管理事业发展指明了方向。我们将全面贯彻党的二十大精神，坚定走好新时代中国特色应急管理之路，建设适应中国式现代化要求的应急管理体系和能力，建立"大安全大应急"框架，推动公共安全治理模式向事前预防转型。加快补短板、强弱项，提高公共安全治理水平，防范化解灾害事故风险，保障人民群众生命财产安全和社会稳定，维护和塑造国家安全，以新安全格局保障新发展格局。

2024 年仍是我国各类矛盾和风险易发期，各种可以预见和难以预见的风险因素明显增多。我们必须深刻认识国家安全面临的复杂严峻形势，正确把握重大国家安全问题，要坚持底线思维和极限思维，准备经受风高浪急甚至惊涛骇浪的重大考验。在建立大安全大应急框架的指引下，要更加注重协同高效、法治思维、科技赋能、基层基础，推动各方面建设有机衔接、联动集成。充分发挥应急管理部门综合优势，推动全要素、全过程协同联动，提升应急管理整体合力。

当前我国仍处于社会主义初级阶段，安全基础总体薄弱，安全形势更加严峻复杂。推动我国经济社会稳定发展，必须坚持总体国家安全观，增强机遇意识和风险意识，树立底线思维，把安全发展贯穿国家发展各领域和全过程。要在学习和思考中深化认识，不断提高贯彻新发展理念、构建新发展格局的能力和水平。要以习近平新时代中国特色社会主义思想为指导，全面贯彻落实党的二十大精神，深入学习贯彻习近平总书记关于应急管理重要论述，按照党中央、国务院决策部署，着力防风险、保稳定、建制度、补短板，全力防控重大安全风险，奋力推进应急管理体系和能力现代化，为保护人民群众生命财产安全和维护社会稳定，实现第二个百年奋斗目标和中华民族伟大复兴的中国梦不懈奋斗。

易昌良博士是我的学生，长期在中央国家机关工作，行政事务繁忙，他既有从事具体工作的实践，又有在地方党委、政府担任主要领导的经历。尤为可贵的是，他善于总结提炼，对很多问题都有深刻的思考和见解，著述颇丰。《新时代国家应急管理发展战略研究》是他的新著，他站在新的历史方位，在充分研究与总结国内外应急管理相关理论与实践成果的基础上，回顾了中国应急管理理论与实践的发展历程，总结了我国应急管理的变化特征，诠释中国特色的应急管理理论。本书从我国应急管理体系历史脉络入手，围绕我国应急管理部成立、新时代自然灾害类突发事件应急管理体系、新时代事故灾难类突发事件应急管理体系、新时代公共卫生类突发事件应急管理体系、新时代社会安全类突发事件应急管理体系、新时代网络安全类突发事件应急管理体系以及新时代应急管理国际合作与借鉴、共建"一带一路"国家风险与挑战应对措施等进行系统研究，从更高层次、更大范围、更宽视野探索适合中国的应急管理发展战略，进一步完善中国应急管理的战略思路，在各个层面为中国应急管理的战略导向提供相应参考，满足中国加快应急管理发展战略的政策需求。全书对新时代国家应急管理发展战略的重要意义、科学内涵、坚实基础、战略路线、主要原则、目标任务、实现路径等带有方向性、根本性的问题进行了系统全面的阐述和深刻透彻的解读，将独到的观点、深入的讲解、思想的碰

撞融为一体，不仅完整刻画出全球视野下的中国应急管理发展战略新
图景，更指明了未来应急管理在助推我国实现高水平对外开放和高质
量发展方面的重要作用。全文内容丰富、逻辑严谨、资料翔实，学术
性强，对当前应急管理的理论研究和实践管理有较高的参考价值。

　　走得再远，都不能忘记来时的路。当代中国的战略思想和智慧，
从一定意义上讲，是对中国五千年治理思想和智慧的创造性转化、创
新性发展。在中华民族伟大复兴处于关键时期之际，从新时代国家应
急管理发展战略角度写这么一部著作，帮助广大读者回顾我们应急管
理来时的路，瞻望前行的路，这对于坚定"四个自信"，对于满怀豪情
朝着民族复兴目标迈进，无疑是很有益处的。

　　祝愿昌良在工作实践和理论研究都取得更大的成就。

　　是为序。

中国科学院院士

2024 年 1 月 25 日

序　二

应急管理是国家治理体系和治理能力的重要组成部分，承担防范化解重大安全风险、及时应对处置各类灾害事故的重要职责，担负保护人民群众生命财产安全和维护社会稳定的重要使命。要发挥我国应急管理体系的特色和优势，借鉴国外应急管理有益做法，积极推进我国应急管理体系和能力现代化。

我国是世界上自然灾害最为严重的国家之一，灾害种类多，分布地域广，发生频率高，造成损失重，由此成为我国的基本国情。

新中国成立后，党和国家始终高度重视应急管理工作，我国应急管理体系不断调整和完善，应对自然灾害和生产事故灾害能力不断提高，成功应对了一次又一次重大突发事件，有效化解了一个又一个重大安全风险，创造了许多抢险救灾、应急管理的奇迹。

党的十八大以来，习近平总书记站在维护国家安全和社会稳定、实现中华民族伟大复兴的战略高度，把应急管理体系纳入国家安全体系，亲自谋划、亲自推动组建应急管理部门，亲自授旗、亲自缔造国家综合性消防救援队伍，系统擘画推进应急管理事业改革发展，就应急管理发表一系列重要讲话、作出一系列重要指示批示，科学回答了事关应急管理事业全局和长远发展的重大理论和实践问题，提出一系列新理念新思想新战略，科学形成了习近平总书记关于应急管理的重要论述。这些重要论述是习近平新时代中国特色社会主义思想的重要组成部分，是党带领广大人民群众同灾害事故作斗争的实践总结和理论升华，是有效防范化解重大安全风险、建设更高水平平安中国的科学指南，为科学确定新时代应急管理的战略定位、战略目标、战略思想和战略举措，坚定走好新时代中国特色应急管理之路，指明了前进方向、提供了根本遵循。

在贯彻落实习近平总书记重要论述的实践中，国家制定和颁布了一系列法规。《突发事件应急预案管理办法》《中华人民共和国国家安全法》《中华人民共和国网络安全法》《关于推进防灾减灾救灾体制机制改革的意见》《中华人民共和国食品安全法（2021 年修订）》《"十四五"国家应急体系规划》等相关政策文件，不断完善我国的公共安全和应急治理体系。在实践中，党和国家不断总结、继承、发扬、创新我国应急管理体系的特色和优势，包括我国应急管理体系所内嵌的"全国一盘棋、集中力量办大事"优势、"党的集中统一领导"优势、"对口支援"优势、"党的群众路线"优势、"基层党组织"优势、"军地协同"优势等，将中国特色应急管理制度优势转化为治理效能，运用中国特色应急管理制度有效应对重大安全风险挑战，取得了巨大的成就。

当前，面对深刻复杂的外部环境变化和我国改革发展中的新情况新问题新挑战，党中央对于国家安全治理和应急管理提出了新要求，作出了新部署。深刻把握习近平总书记关于应急管理的重要论述，切实落实总体国家安全观，以新安全格局保障新发展格局，全面加强应急管理体系和能力建设，着力防范化解重大风险，推动公共安全治理模式转变，是促进经济社会发展，维护国家稳定，建设更高水平平安中国的必然要求。易昌良博士的《新时代国家应急管理发展战略研究》即是遵循这一要求的新作。

《新时代国家应急管理发展战略研究》以习近平总书记关于应急管理重要论述为指导，从我国应急管理体系历史脉络入手，围绕我国应急管理部成立、新时代自然灾害类突发事件应急管理体系、新时代事故灾难类突发事件应急管理体系、新时代公共卫生类突发事件应急管理体系、新时代社会安全类突发事件应急管理体系等进行多方面系统研究，注重理论与实践紧密结合，具有鲜明的政治性、思想性、理论性和应用性，是一部立足中国国情、体现应急管理"中国方案"的创新力作，对于推进我国应急管理现代化，具有积极意义。

是为序。

教育部"长江学者"特聘教授、

北京大学国家治理研究院院长

2024 年 2 月 26 日

第一章　我国应急管理体系历史脉络

第一节　新中国成立以前的应急管理概述

在新中国成立之前，我国在应急管理领域非常落后甚至呈现出长时间的空白，设备的短缺以及体系搭建的落后都使得我国在该领域的探索道路举步维艰。新中国成立之初，百业待兴，公共卫生事业也不例外。人民群众健康水平低下，急烈性传染病流行，人口死亡率为 2%，婴儿死亡率近20%，平均寿命只有 35 岁；公共卫生专业人员数量少、质量低；公共卫生专业机构少，分布不平衡，广大人民群众缺医少药现象十分严重。党中央、国务院非常重视人民群众的身体健康，在"预防为主"的卫生工作方针的指引下，我国公共卫生事业取得了巨大成就，突发公共卫生事件应急管理水平和能力也取得了长足的发展。但是，由于历史原因受国内外诸多因素的影响，公共卫生防疫体系的建设和发展经历了很多次波折，致使突发公共卫生事件应急管理工作也曾经受到一定影响，应对突发公共卫生事件的能力有所下降。

新中国成立之初，在"预防为主"的卫生工作方针指导下，预防和消灭急烈性传染病是中国政府卫生医疗工作的重点，尤其是要加强农村地区的卫生医疗工作。我国借鉴苏联模式，建立起一个比较完善的以县、乡、村"三级预防保健网"为核心的公共卫生防疫体系。新中国成立初期，农村有全方位的合作医疗制度，城市也有比较成熟的劳保制度。此外，从中央到地方各级都建有完善的公共卫生防疫机构，有防疫大队、卫生民族工作队、专业防疫所（站）等。到1952年底，全国已建立各级卫生防疫站147个、专科防治所（站）188个，拥有卫生防疫人员20504人，其中卫技人员19750人。同时各级卫生防疫机构建立了相应的应急管理机制。正是有了这样的公共卫生应急管理体系，在很短的时间内我国就基本控制了严重危害人群健康的大规模传染病，如天花、性病、寄生虫病（血吸虫病）、地方病等，为保障城乡人民的健康作出了积极贡献，得到了全世界的公认和赞许。

一方面，将突发公共卫生事件的应急管理纳入法制化轨道，有利于创建应对突发公共卫生事件措施的法律支持环境，从而做到有效地防控突发公共卫生事件。另一方面，建立应对突发公共卫生事件的法律制度，以国家强制力和国际统一的规则来保障公众健康，促进社会经济和谐发展，是必然趋势。根据国内当时传染病疫情非常严重的情况，为集中力量做好传染病特别是急烈性传染病的防治工作，经国务院批准，我国在1955年6月1日颁布实施了第一个卫生防疫法规《传染病管理办法》。为尽快使公共卫生防疫体系恢复正常，1964年颁布了《卫生防疫站工作试行条例》并在全国贯彻实施。1978年9月20日，再次颁布《中华人民共和国急性传染病管理条例》，进一步强化了公共卫生防疫体系在预防控制传染病中的责任、地位和作用。随后《中华人民共和国食品卫生法》等法律的相继出台，使公共卫生防疫体系从几十年的行政管理模式开始步入了法制管理的轨道，这为后来更多的公共卫生法律、法规的制定、实施提供了宝贵经验。1989 年 2 月 21 日由第七届全国人民代表大会常务委员会第六次会议通过了《中华人民共和国传染病防治法》，自 1989 年 9 月 1 日起施行。并于 2004 年 8 月 28 日修订后自 2004 年 12 月 1 日起实施。该法的颁布实施目的是预防、控制和消除传染病的发生与流行，保障人民群众的身体健康和公共卫生安全。自此，公共卫生防疫体系正式步入了法制管理的轨道。

第二节　1949 年至 1978 年的应急管理体制

　　我国的应急管理体制，从改革开放之前由专门的部门或机构应对单一灾害管理，过渡到 20 世纪 80 年代至 21 世纪初的"专门机构＋部门间议事协调机构"制度，再到 2006 年以来的"权威枢纽机构抓总＋部门间协调"机制，正在向新时代的全面综合统一的部门管理模式过渡。我国应急管理制度的创新与发展，每一阶段所实现的质的飞跃，与当代中国乃至世界的政治经济和社会历史发展情势、状况、需求相吻合，与我国灾害和突发事件演化的客观环境相联系，与行政管理体制改革的总方向相一致。

　　这一阶段从 1949 年 10 月至 1978 年 12 月，大致 29 年时间，新中国经历了国家初建、国民经济恢复、社会主义改造，社会主义建设时期以及"文化大革命"。这一时期，灾害种类相对比较单一，主要是洪涝、地震等自然灾害，以及肺结核、鼠疫、血吸虫等公共卫生事件。在此期间，我国应急管理的主要特点是"单一灾害管理＋人民战争"，强调党的一元化领导。

一、1949 年至 1966 年的灾害应急管理

这一阶段从 1949 年 10 月至 1966 年 5 月，大致 17 年时间，新中国经历了国家初建、国民经济恢复、社会主义改造以及社会主义建设时期，这期间发生了若干次重大的自然灾害：水灾方面如 1950 年 7 月的淮河大洪灾，1954 年 7 月长江中下游地区百年不遇的特大水灾，1963 年 8 月的海河大洪灾；地震方面如 1966 年 3 月的邢台大地震；更有 1959—1961 年发生的三年严重自然灾害，造成巨大的人口伤亡及财产损失。

在此期间，灾害应急管理的主要特点是实行党的一元化领导。1953年，中共中央要求"政府工作中一切主要的和重要的方针、政策、计划和重大事项，均须事先请求中央，并经过中央讨论和决定或批准以后，始得执行。政府各部门对于中央的决议和指示的执行情况及工作中的重大问题，均须定期地和及时地向中央报告或请求，以便能取得中央经常的、直接的领导"[1]。1958 年 6 月，毛泽东在《中共中央关于成立财经、政法、外事、科学、文教各小组的通知》中写下批语，称"大政方针在政治局，具体部署在书记处，大政方针和具体部署，都是一元化，党政不分。具体执行和细节决策属政府机构及其党组。对大政方针和具体部署，政府机构及其党组有建议之权，但决定权在党中央。政府机构及其党组和党中央一同有检查之权"[2]。灾害应急管理具体工作主要由中共中央和政务院（1954 年 9 月后改为国务院）统一领导，由内务部组织协调，由专门的减灾机构联合其他相关部门联动实施。1956 年，新中国完成了社会主义改造，进入了社会主义建设时期，中央救灾委员会成为减灾救灾领导机构，在国务院

---

[1] 《建国以来重要文献选编》第四册，中央文献出版社 1993 年版，第 67 页。

[2] 《建国以来毛泽东文稿》第 7 册，中央文献出版社 1992 年版，第 268 页。

领导下主管全国救灾事宜。我国建立的国家地震局、水利部、林业部、中央气象局、国家海洋局等部门都涉及专业性防灾减灾职能，一些机构设置了二级机构，并成立本部门的救援队伍，各部门独立负责各自管辖范围内的应急管理。

在新中国成立初期，灾害应急管理主要采用战争时期的做法，即提倡"生产自救"。在"一元化"领导体制下，国家实行抗灾救灾应急动员，采用群众运动的方式开展抗灾救灾工作是当时的另一大特点，有效实现了包括军队在内的全社会力量的广泛参与，并且在安置灾民、"临灾救济"（紧急赈济、医疗防疫）、集体互助救灾等方面取得了经验。救灾制度建设方面，灾害信息的发布、救济物资、灾情督察、减免税收等方面加强了管理。新中国成立初期进行了一定的防灾备灾工作，如进行水利工程建设，开展气象灾害预报，注意水土保持和森林保护，建立粮食储备制度等。这时期，党中央提出了"不许饿死一个人"的要求，反映出尊重人的生命的观念，这种观念一直贯穿至今。但此时也出现了许多不当之处，例如，灾害应急管理中无限夸大人的主观能动性，采用大规模压缩城市人口、精简机构、下放城市居民到农村、知识青年上山下乡等运动方式，以应对灾害带来的救助压力。灾害应急管理法律的缺失、应急慈善协会等民间救助组织的消失、拒绝国外的灾害援助等，都与当时的社会大背景有关。

二、1966 年至 1978 年的灾害应急管理

这一阶段从 1966 年 5 月至 1978 年 12 月，大致 13 年时间，这期间发生过若干重大的自然灾害，比较大的灾害有 1975 年的河南大洪灾，1970 年 1 月的云南通海地震，1976 年 7 月的唐山大地震等。当时国家虽然处于动乱之

中，国民经济也处于崩溃的边缘，但是党中央对于灾害应急管理工作仍然十分重视。管理方式主要沿用"文化大革命"前的做法，虽然坚持了党的"一元化"领导，但是中央应急领导机构和政府机构遭受严重冲击，处于瘫痪或半瘫痪状态，主管灾害应急管理具体工作的内务部于1969年被撤销，由财政部管理救灾、救济和优抚等工作，应急管理领导机构成为单纯的拨款单位。各级"文革领导小组""革命委员会"等各类"文化大革命"组织成为当时的权力机构，"文化大革命"结束以后又重新恢复党委和政府职能。

面对严重的灾害发生，中央农业委员会负责组织协调全国抗灾救灾工作。中央和地方根据灾情又成立了若干临时性的灾害应急机构，如1971年6月中央成立了防汛抗旱指挥部；1976年唐山大地震发生时，中共中央立即成立了抗震救灾指挥部，国务院成立了抗震救灾办公室，河北成立了抗震救灾前线指挥部、抗震救灾后勤指挥部等应急机构。在"文化大革命"期间，军队发挥着比以往更为重要的灾害应急作用，军队领导进入了各级救灾指挥部机构中，而这些灾害应急组织基本上是由"文化大革命"中的政权机构和军队领导共同组成，统一调动政府、军队和社会力量来共同应对灾情。军事化的指挥部署，保证了灾害应急管理的效率。"文化大革命"期间，国家在地震、气象灾害等方面强化了"以预防为主"的思想，如在1972年全国第二次地震工作会议上，国家地震局根据周恩来总理的讲话，提出"在党的一元化领导下，以预防为主，专群结合，土洋结合，大打人民战争"的工作方针，促进了中国地震预防工作的发展。

在此期间，我国灾害应急组织动员能力得到强化。"一方有难，八方支援"的思想在举国应对唐山大地震的过程中得到充分体现，党和国家主要领导人于地震当天就向全国各地发出了慰问电，随即中共中央、国务院派出了以华国锋总理为总团长的中央慰问团，总团下设唐山、天津、北京

3个分团进行慰问和动员，各地反应迅速，短短几天内就有24个省、市、自治区向灾区派出了抢险人员和医疗队，全国29个省、市、自治区都提供了大量的物资支援，海陆空三军出动大批人马奔赴救灾前线。值得注意的是，"对口支援"的经验在许多地方得到应用，例如"文化大革命"结束后的1978年，湖北省实行了城乡结合、厂社挂钩、对口支援等区域合作方式，把城市和工矿的力量引入抗旱救灾工作中。

但在极左思潮的影响下，"文化大革命"前建立起来的灾害应急领导机构受到冲击并被撤销，临时性的灾害应急领导机构的职能受到影响；依靠少数领导决策和运动式的应急管理模式被发挥到极致；一味强调"自力更生的救灾努力"而拒绝接受外国援助，不利于减轻国家财政负担和救灾的国际交流。

第三节　1978年至2018年的应急管理体制

1978年召开的十一届三中全会拉开了中国改革开放的序幕，为适应国际局势发展，我国不断推进政治体制改革，转变政府职能，广泛开展国际合作，应急管理体制机制随之发生变化。这一时期，我国应急管理开始朝着科学化、专业化、规范化的方向发展。

一、1978年至2003年的应急管理体制

这一阶段从1978年12月至2003年初，大致24年时间。1978年12月召开的中国共产党十一届三中全会，开启了中国改革开放的新时期。随

着政治体制改革的推进、政府职能的转变以及国际合作的开展，我国灾害应急管理开始朝着科学化、专业化、规范化的方向不断迈进，取得了重要的进步。在此期间发生的重大灾害主要有：1978 年到 1983 年的北方连续大旱；1998 年长江中下游的特大洪灾；2003 年"非典"引发的重大公共卫生事件等。

在此期间，我国应急管理的主要特点是"单一灾害管理 + 党委协调机制 + 部门协调机制"。改革开放初期，由于中央农业委员会被撤销，负责组织协调全国抗灾救灾工作的任务先后划归国家经委、国家计委。1989 年中央国家机关机构改革后，全国性的灾害应急管理机构主要有：国家计委安全生产调度局、民政部救灾救济司、国家地震局灾害防御司，其他部门无常设机构。部分省级地方设立非常设的抗灾救灾办公室，隶属机构不一。在联合国倡导的"国际减灾十年"活动推动下，我国于 1989 年 3 月成立了中国国际减灾十年委员会，并于 2000 年 10 月更名为中国国际减灾委员会，使我国的救灾工作与国际接轨，不断吸取国外先进经验，采用科学的应急管理办法。1991 年 7 月，国务院设立全国救灾工作领导小组，办公室设在国务院生产办公室。同时，国家救灾防病领导小组与前者密切配合。其他先后成立的临时性灾害应急领导机构有：国务院抗旱领导小组、国家防汛总指挥部（办事机构设在水利部，后改名为"国家防汛抗旱总指挥部"）。1992 年之后，国家经济发展速度进一步加快，引发的社会问题也凸显出来。面对新兴领域风险加剧的现实，1992 年国家成立了中央社会治安综合治理委员会，1998 年成立了中央维护稳定工作领导小组办公室，对口公安部的职责。

进入 21 世纪后，我国加快了建立全国性灾害应急管理体制的步伐，尤其是 2003 年初"非典"事件的发生，成为一个契机。"非典"事件是新中国成立以来我国发生的最大一次公共卫生事件，以此次公共卫生事件的应对为转折，我国开始进入系统全面推进应急管理体系建设的新阶段，促使过去分散协调、临时响应的应急管理模式发生转变。2003 年，我国依托政府应急管理办事机构、议事协调机构和联席会议制度建立起来的应急协调机制，为我国突发事件应对工作实现历史性的新跨越做好了准备。同时，国家安全生产行政管理体制也逐步理顺，2003 年国务院机构改革中国家安全生产监督管理局从国家经贸委中独立出来，成为国务院直属机构；2005 年，国家安全生产监督管理局升格为国家安全生产监督管理总局，规格为正部级，这表明应急管理越来越受到政府和社会的重视。

二、2003 年至 2012 年的应急管理体制

这一阶段是从 2003 年至 2012 年党的十八大召开前，大致 10 年时间。如果 2003 年发生的"非典"事件是我国应急管理工作的转折点，则 2008 年 5 月 12 日发生的"汶川特大地震"成为我国全面加强应急管理工作的新起点。在这 10 年间，小灾不断，巨灾增多，人民生命和财产损失严重。如在水旱和气象灾害方面，2009 年初我国多省市发生极端旱灾、2009 年 11 月北方地区发生罕见暴雪、2012 年 7 月华北地区发生百年一遇特大暴雨；在地质和地震灾害方面，2008 年 5 月 12 日四川汶川发生 8.0 级地震、2010 年 4 月 14 日青海玉树市发生 7.1 级地震、2010 年 8 月 7 日甘肃舟曲县发生特大泥石流、2013 年 4 月 20 日四川芦山县发生 7.0 级地震。

在此期间，我国应急管理的主要特点表现为"枢纽机构抓总 + 部门协调"机制。众所周知，2003 年的"非典"事件暴露出我国公共卫生领域存在的重大薄弱环节，成为加强和改进应急管理的机会"窗口"。面对各

类突发公共事件数量持续上升、范围逐步扩大、表现形式多样化的特点，我国应急管理体系建设，一年一个重点，从各个层面推进。2005年，《国家自然灾害救助应急预案》《国家突发公共事件总体应急预案》的出台，标志着我国灾害应急管理工作走向规范化。通过制定一系列法律法规，我国确立了党和政府统一领导、部门分工负责、灾害分类管理、属地管理为主的灾害应急管理体制。此期间的灾害应急管理承继了新中国成立以来好的经验，如坚持党的领导，大灾面前由党和国家领导人亲自指挥和动员；军队、武警、公安和民兵联动配合；党组织、政府、人大、政协、工青妇、各民主党派都成为应急管理的主体，甚至公民个人也纷纷响应号召，实现了全国范围内的联动。2005年4月，中国国际减灾委员会更名为国家减灾委员会。2006年，在国务院办公厅内部以总值班室为基础设立国务院应急办公室，全面履行政府应急管理职能。国务院各部门和各级地方政府作为突发事件应急管理工作的行政主体，按照行业管理职责和区域管理职责开展工作，国务院应急办统一负责协调和信息汇总。遇到重大突发事件，启动非常设指挥机构，或者成立临时性指挥机构，由国务院分管领导任总指挥，国务院有关部门参加，应急办服务于国务院领导应急响应和决策。国务院应急管理办公室不取代各有关部门的应急管理职责，民政、公安、国土、环境、水利、安监等各有关部门都负有应急管理职责，相应地都在各自部门内部设立应急管理机构，负责相关部门突发事件的应急管理。国家防汛抗旱、安全生产、海上搜救、森林防火、核应急、减灾委、抗震、反恐怖、反劫机等专项指挥机构及其办公室，发挥在相关领域突发事件应急管理中的指挥协调作用。地方各级政府是本行政区域突发事件应急管理的行政领导机构，负责本行政区域各类突发事件的应对工作；地方各级政府办公厅（室）和相关部门相应履行应急管理办事机构、工作机构的职责。

自"非典"以后,我国就全面启动了以"一案三制"(预案、体制、机制、法制)为核心的应急管理体系建设,至 2008 年"汶川地震"发生前,"一案三制"应急管理体系基本建成,并在"汶川地震"应对中初步显示出其有效性。《突发事件应对法》是 2003 年发生"非典"疫情之后,由国务院法制办从 2003 年 5 月起草,2007 年 1 月 1 日起施行的突发事件应对的法律。《突发事件应对法》作为新中国第一部应对各类突发紧急事件的综合性"基本法",确立了系统的应对突发公共事件的法律制度构架,这为我国的突发事件应对提供了法律依据和行动指南。该法确立了"统一领导、综合协调、分类管理、分级负责、属地管理为主的应急管理体制",该体制包括以下具体含义。(1)统一领导。统一领导是指在各级党委领导下。党中央、国务院是突发事件应急管理工作的最高行政领导机关,地方各级政府是本地区应急管理工作的行政领导机关,负责本行政区域各类突发事件应急管理工作,是负责此项工作的责任主体。在突发事件应对中,领导权主要表现为以相应责任为前提的指挥权、协调权。(2)综合协调。综合协调有两层含义,一是政府对所属各有关部门、上级政府对下级各有关政府、政府与社会有关组织、团体的协调;二是各级政府突发事件应急管理工作的办事机构进行的日常协调。综合协调的本质和取向是在分工负责的基础上,强化统一指挥、协同联动,以减少运行环节、降低行政成本,提高快速反应能力。(3)分类管理。分类管理是指按照自然灾害、事故灾难、公共卫生事件和社会安全事件四类突发事件的不同特征实施应急管理。分类管理实际上就是分类负责。(4)分级负责。分级负责主要是根据突发事件的影响范围和突发事件的级别不同,确定突发事件应对工作由不同层级的政府负责。(5)属地管理。属地管理主要有两种含义:一是突发事件应急处置工作原则上由地方负责，即由突发事件发生地的县级以上地方人民政府负责。二是法律、行政法规规定由国务院有关部门对特定突发事件的应对工作负责的，就应当以国务院有关部门管理为主。

自 2008 年国务院机构改革提出我国行政管理体制改革按照"职能有机统一的大部门体制"总体要求以来，应急管理职能进一步整合的呼声越来越强烈，在一定程度上推动了应急管理体制综合化建设。总的来看，这一时期中国特色应急管理体制模式对我国传统的应急管理体制在三个方面实现了突破与制度创新。一是从"事后型"体制向"循环型"体制转变；二是从"以条为主型"体制向"以块为主型"体制转变；三是从"独揽型"体制向"共治型"体制转变。我国应急管理体制在领导机构、指挥机构、执行机构、办事机构、咨询机构等各方面体系完整，职责明确、分工合理、整合，有利于实现统一指挥、协调一致。

"汶川地震"后，我国应急管理体系建设的目标任务转为补短板，强化体系的功能和内部协同性，提升应急管理的能力和水平。在应急预案建设方面，根据救灾工作的需要，2011 年首次修订《国家自然灾害救助应急预案》。2012 年，修订《国家地震应急预案》，使国务院抗震救灾指挥机构的组成和职责、四级响应机制、地震应急措施规定进一步细化明确。2013 年，国务院办公厅出台《突发事件应急预案管理办法》，明确了应急预案的概念和管理原则，规范了应急预案的分类和内容、编制程序以及持续改进机制等，着重于扭转预案符号化和实用性缺失问题。在应急管理法制方面，继续推进相关法规、制度、政策的完善。国民经济和社会发展国家"十二五"规划的第六篇第二十六章、第九篇第四十一章、第十三篇第五十五章，均从不同角度阐释了建设平安中国的国家理念。2008 年修订《中华人民共和国防震减灾法》，新增防震减灾规划和监督管理两章内容。

2010 年颁布《自然灾害救助条例》，整合社会各种救助力量，更有效保障了受灾人员的基本生活。在应急管理机制建设方面，受传统行政体制影响，我国应急管理在纵向政府部门之间的协调联动情况较好，但在横向跨行政区域、跨政府部门方面问题相对突出，联动和协调机制不畅，难以满足应对那些综合性、复合型突发事件的需要，这成为"汶川地震"后完善机制的重点内容。2008 年 8 月，广东与香港签署《粤港应急管理合作协议》，同年 12 月广东又与澳门签署《粤澳应急管理合作协议》，标志着粤港、粤澳应急管理联动机制建设取得实质性突破。2009 年 9 月，在国务院应急管理办公室的大力支持和指导下，由广东省发起倡议，泛珠三角福建、江西、湖南、广东、广西、海南、四川、贵州、云南 9 省（区）签署合作协议，建立全国首个省级区域性的应急管理联动机制，为进一步推动我国应急管理区域合作积累了经验。此外，首都北京地区、长三角区域、晋冀蒙六城市、陕晋蒙豫四省（区）等地的应急管理联动机制建设也取得一定的成效。与此同时，我国还针对危机监测预警机制、调查评估机制以及问责追究机制等薄弱环节进行了重点建设，不断落实预防与应急并重、常态与非常态相结合的指导方针，提高了应对突发事件的主动权。

三、2012 年至 2018 年的应急管理体制

党的十八大以来，党中央高度重视国家安全工作，充分运用制度力量应对风险带来的冲击和挑战，推进国家治理体系和治理能力现代化，筑牢国家长治久安的根基。2013 年 11 月 9 日，习近平总书记在《关于〈中共中央关于全面深化改革若干重大问题的决定〉的说明》中指出，"国家安全和社会稳定是改革发展的前提。只有国家安全和社会稳定，改革发展才

能不断推进。"①国家安全为社会主义建设奠定了重要基础。立足新时代我国国情和灾害事故特点,2014年4月15日,习近平总书记主持召开十八届中央国家安全委员会第一次会议,首次系统阐述总体国家安全观,"当前我国国家安全内涵和外延比历史上任何时候都要丰富,时空领域比历史上任何时候都要宽广,内外因素比历史上任何时候都要复杂,必须坚持总体国家安全观,以人民安全为宗旨,以政治安全为根本,以经济安全为基础,以军事、文化、社会安全为保障,以促进国际安全为依托,走出一条中国特色国家安全道路。"②从本质上看,总体国家安全观以整体性思维统筹协调复杂的各类安全关系。它将管理的重点从事后处置前移到风险管理,奠定了公共安全综合治理的基本框架。在国家治理体系和治理能力现代化目标和总体国家安全观的统辖下,包括应急管理在内的整个公共安全都被作为国家治理体系内容纳入国家安全的范畴。作为指导国家安全工作的科学理论,总体国家安全观对提高综合防灾减灾救灾能力和应急管理能力,维护社会公共安全具有重大意义,公共安全综合治理理念和思维开始全面形成。此后一系列党和国家的重要会议与文件阐明和丰富了公共安全综合治理的内容。2012年,党的十八大提出要加强公共安全体系建设。③2013年,十八届三中全会围绕健全公共安全体系,提出食品药品安全、安全生产、防灾减灾救灾、社会治安防控等方面体制机制改革任务。④2014年,十八届四中全会提出加强公共安全立法、推进公共安全法治化的要求。⑤2015年的《政府工作报告》,提到国家安全和公共安

① 《十八大以来重要文献选编》上册,中央文献出版社2014年版,第506页。
② 《建立集中统一高效权威国安体制》,《人民日报(海外版)》2014年4月26日。
③ 《习近平谈治国理政》第一卷,外文出版社2018年版,第6—17页。
④ 《习近平谈治国理政》第一卷,外文出版社2018年版,第70—88页。
⑤ 《习近平谈治国理政》第二卷,外文出版社2017年版,第113—125页。

全。2015 年《国家安全法》将总体国家安全观这一国家战略进一步制度化，落实了公共安全综合治理能力和治理体系现代化实施路径。2017 年初，国务院《国家突发事件应急体系建设"十三五"规划》提出，要在"十三五"期末建成与有效应对公共安全风险挑战相匹配，与全面建成小康社会要求相适应，覆盖全灾种、全过程、全社会共同参与的突发事件应急体系。在2017 年 2 月 17 日举行的国家安全工作座谈会上，习近平总书记提出："要突出抓好政治安全、经济安全、国土安全、社会安全、网络安全等各方面安全工作。要完善立体化社会治安防控体系，提高社会治理整体水平，注意从源头上排查化解矛盾纠纷。要加强交通运输、消防、危险化学品等重点领域安全生产治理，遏制重特大事故的发生。"① 讲话要求站在国家安全的高度来审视安全生产问题。2017 年，习近平在"7·26 讲话"中特别强调要坚决打好防范化解重大风险的攻坚战，不仅着眼于全面建成小康社会，而且着眼于国家安全大战略。② 2017 年党的十九大报告，把"坚持总体国家安全观"列为构成新时代坚持和发展中国特色社会主义的十四条基本方略之一，对公共安全提出了具体要求。2019 年 1 月 21 日，在省部级主要领导干部坚持底线思维着力防范化解重大风险专题研讨班上，习近平总书记强调"防范化解重大风险，是各级党委、政府和领导干部的政治职责"，要坚持底线思维，增强忧患意识，提高防控能力，着力防范化解重大风险。③ 就防范化解政治、意识形态、经济、科技、社会、外部环境、党的建设等领域重大风险作出深刻分析、提出明确要求。这一系列论述将

① 习近平：《在国家安全工作座谈会上的讲话》，《人民日报》2017 年 2 月 18 日。
② 《习近平在省部级主要领导干部"学习习近平总书记重要讲话精神，迎接党的十九大"专题研讨班开班式上发表重要讲话强调　高举中国特色社会主义伟大旗帜　为决胜全面小康社会实现中国梦而奋斗》，《思想政治工作研究》2017 年第 9 期，第 4—6 页。
③ 《习近平谈治国理政》第三卷，外文出版社 2020 年版，第 223 页。

风险防范和公共安全上升到新的高度，成为新时代应急管理的根本遵循。

党的十八大以来，以习近平同志为核心的党中央提出国家治理体系和治理能力现代化战略目标，开始重构应急管理体系，建立国家安全委员会，作为中央关于国家安全工作的决策和议事协调机构，实现公共安全与国家安全之间的有机对接。根据《国家安全法》，坚持党对国家安全工作的领导，建立集中统一、高效权威的国家安全领导体制。各级党委书记成为应急管理和公共安全的第一责任人，实行党政同责的制度。加强党的领导，四大类事件领域的体制得到了结构性的重塑和创新。

在公共卫生领域，2012 年，国务院正式印发《卫生事业发展"十二五"规划》，提出到 2015 年，形成指挥统一、布局合理、反应灵敏、运转高效、保障有力的突发公共事件卫生应急体系。十八届三中全会要求完善统一权威的食品药品安全监管机构，建立最严格的覆盖全过程的监管制度，建立食品原产地可追溯制度和质量标识制度，保障食品药品安全。2019年 5 月 9 日，中共中央、国务院印发《关于深化改革加强食品安全工作的意见》，提出到 2020 年，基于风险分析和供应链管理的食品安全监管体系初步建立。到 2035 年，基本实现食品安全领域国家治理体系和治理能力现代化。

在社会安全领域，2015 年 4 月，中共中央办公厅、国务院办公厅印发《关于加强社会治安防控体系建设的意见》，提出形成党委领导、政府主导、综治协调、各部门齐抓共管、社会力量积极参与的社会治安防控体系建设工作格局。

在安全生产领域，2016 年 12 月 18 日，新中国成立以来第一个以中共中央、国务院名义出台的安全生产工作的纲领性文件《中共中央国务院关于推进安全生产领域改革发展的意见》出台，特别对安全监管过程中的"责任"做了明确的规定。文件规定了"党政同责、一岗双责、齐抓共管、失职追责"的安全生产责任体系；按照管行业必须管安全、管业务必须管安全、管生产经营必须管安全和谁主管谁负责的原则厘清安全生产综合监管与行业监管的关系；严格落实各类企业严格履行安全生产法定主体责任。

在自然灾害领域，我们要实现从应对单一灾种向综合减灾转变。2016年12月19日，中共中央、国务院出台《关于推进防灾减灾救灾体制机制改革的意见》，强调强化地方应急救灾主体责任。对达到国家启动响应等级的自然灾害，中央发挥统筹指导和支持作用，地方党委和政府在灾害应对中发挥主体作用，承担主体责任。

应急管理的实体机构以2018年应急管理部成立作为分水岭。2018年4月之前，国务院各职能部门中负责应急管理的机构为了应对职责范围内的重大突发事件，分别建立了各自的应急管理指挥体系和应急救援体系，并形成了危机事件的预警预报体制、部际协调体制和救援救助体制等。

表1—1　重大突发事件与国务院对口主管部门（2018年4月之前）

名称	突发事件	主管部门
自然灾害	水旱灾害	水利部（国家防汛抗旱总指挥部）
	气象灾害	国家气象局／有关政府部门
	地震灾害	中国地震局（国务院抗震救灾指挥部）
	地质灾害	国土资源部／建设部／农业部
	草原森林	农业部／国家林业局（国家森林防火指挥部）
事故灾难	交通运输	交通部／民航总局／铁道部／公安部
	生产事故	行业主管部门／企业总部
	公共设施	建设部／信息产业部／邮电部
	核与辐射	国防科工委
	生态环境	国家环保总局

续表

名称	突发事件	主管部门
公共卫生事件	传染病疫情	卫生部
	食物中毒事件	卫生部
	动物疫情	农业部
社会安全事件	治安事件	公安部
	恐怖事件	公安部
	经济安全事件	中国人民银行
	群体性事件	国家信访局 / 公安部 / 行业主管部门
	涉外事件	外交部

第二章　我国应急管理部成立

第一节　我国应急管理部成立的背景及特点

应急管理部的组建是中国共产党应对社会主要矛盾转化，立足国情、审时度势的战略决策。改革开放以来，国家各方面工作的重点是"着力解决人民日益增长的物质文化需要同落后的社会生产之间的矛盾"，政府职能围绕经济增长展开，以效率求发展。中国特色社会主义进入新时代，综合国力极大提升，人民物质生活水平显著提高，社会主要矛盾发生转化，需要"着力解决人民日益增长的美好生活需要和不平衡不充分的发展之间的矛盾"。良善的公共安全环境是人民美好生活需求的题中之义。随着我国现代化和城市化的进程加快，社会多元化、系统复杂性、技术不可控等因素对我国公共安全提出新的挑战，人民群众对于公共安全的关切度、感受度以及期望值越发高涨。面对不断转化的社会主要矛盾，党中央从提出经济与社会协调全面发展到实现"四个全面"的战略目标，特别是2012年以来，面对时代和人民的新要求，以国家治理体系和治理能力现代化为着力点，提出总体国家安全观，健全公共安全体系，为满足人民日益增长的美好生活需要提供更加均衡、更加充分的保障。

与此同时，应急管理部的组建是党和国家建设服务型政府，加强政府公共服务职能的具体成果。2003 年，我国政府在面对突发"非典"事件的时候，暴露出我国公共卫生服务能力严重不足，反映了以经济建设职能为核心的行政管理体制不能适应经济社会发展需要的深层次矛盾。因此，2004 年以来我国提出"服务型"政府建设，明确了政府四项基本职能：经济调节、市场监管、社会管理和公共服务。通过"大部制"改革理念围绕公共安全问题，将安全生产、消防救援、民政救灾、地质灾害、抗震救灾、防汛抗旱等专业应急管理的政府机构优化融合，做好应急管理大部制职能改革的"乘除法"。通过"放管服"举措，调整政府应急管理职能，推动政府在应对突发事件全过程中做到更大的"放"、更好的"管"、更优的"服"，确保为社会提供最基本、最优质的公共安全服务。

纵观现代各国应急管理体系，一个基本特点是管理对象、管理职责、管理过程三个方面各自内部要素的高度统一，也就是实现三个统一。我国应急管理部的成立体现了这一要求。一是应急管理对象的统一。由国务院组成部门来统一管理自然灾害和生产事故等公共突发事件，反映出党和政府对于现代复杂系统背景下对风险演化和灾害形式复合型特点的准确认识，即如何应对多因、多果和多形式的公共突发性事件。二是应急管理职能的统一。新组建的应急管理部实现应急管理职能的静态统一和动态统一。新部门整合先前分散在 13 个部门和机构的应急管理职能，基本完成自然灾害和事故灾难领域内的全灾种管理的静态职能统一。应急协同职能从议事协调机构、联席会议、政府办事机构到现在的部门综合管理，基本完成政府应急管理职能从非常态化到常态化的动态职能统一。三是应急管理过程的统一。应急管理部成立后将有助于解决突发事件事前预防准备、事中响应协调、事后恢复善后全过程的组织困境，这次改革赋予应急管理部整体规划和指导的全过程应急管理职责，也明确了灾害和事故类公共突发事件的物资准备、预案演练、指挥应对和恢复善后的全过程管理职能。

在技术层面，组建应急管理部体现了这次党和国家改革所遵守的"优化、协同、高效"的整体思路。优化就是机构职能要配置合理、权责对等。现代风险的复杂性决定了相当多的灾害和事故无法由单一部门的资源和科技能力来独立应对，从过去设置议事协调机构或联席会议来临时克服应急响应过程中的职责边界模糊等困难的实际效果看，导致应急决策与处置效率低下的概率仍然比较高。协同就是履行职责要有统有分、有主有次。全灾种应对突发事件的特点使得传统的以单灾种管理部门为主与其他相关部门配合来完成的管理方式捉襟见肘。政府机构中条块分割的管理格局导致风险研判、决策协调以及响应执行等过程各执一端、步调不一。高效就是要执行到位、流程通畅。应急职能在事前、事中、事后的各个环节要无缝衔接，技术标准、专业术语要统一，确保在应急管理中科学施策、精准发力、高效运行。

2018年4月16日，新组建的中华人民共和国应急管理部正式挂牌。如表2—1所示，应急管理部整合了原来11个部门的13项应急救援职责，以及5个国家指挥协调机构的职责，增强了应急管理工作的系统性、整体性、协同性。同时，在应急管理部下组建了综合性消防救援队伍，全国公安消防部队和武警森林部队20万官兵整体转制，成为我国应急管理发展史上具有里程碑意义的事件。

表 2—1　应急管理部整合部门及职责表

部门	原部门	职责
应急管理部	国家煤矿安全监察局	安全生产职责
	国务院办公厅	应急管理职责
	公安部	消防管理职责
	民政部	救灾职责
	国土资源部	地质灾害防治相关职责
	水利部	水旱防治相关职责
	农业部	草原防火相关职责
	国家林业局	森林防火相关职责
	中国地震局	震灾应急救援职责
	国家防汛抗旱总指挥部	职责整合
	国家减灾委员会	职责整合
	国务院抗震救灾指挥部	职责整合
	国家森林防火指挥部	职责整合

一、应急管理部成立后应急管理体制新特点

2018 年开始系统性重构应急管理体系，以统筹、优化、科学为原则对应急管理领域的各项职能进行重组和完善，这次综合性改革的方向始终是最大限度加强统筹协调能力。应急管理职能由非常态转向常态，试图在四大类事件的每一个领域建立有一个强有力的核心部门牵头，各方协调配合的应急管理体制。应急管理部门、卫生部门、公安部门形成大政府应急管理的三大机构核心，以应急管理部门为牵头组织的多主体协同网络。应急管理部门主要牵头自然灾害和事故灾难领域的应急管理工作，整体统筹职能较为明显，尽快"推动形成统一指挥、专常兼备、反应灵敏、上下联动、平战结合"的中国特色应急管理体制。该体制中统一指挥是核心，专

常兼备和平战结合是保障，上下联动是手段，反应灵敏是要求。专常兼备强调的是专业救援和常规应急处置的统一，平战结合强调的是常态减灾与非常态救灾的统一，二者具有一定的相似性。2019 年 11 月，党的十九届四中全会《中共中央关于坚持和完善中国特色社会主义制度　推进国家治理体系和治理能力现代化若干重大问题的决定》指出，"我们要打赢防范化解重大风险攻坚战"，"构建统一指挥、专常兼备、反应灵敏、上下联动的应急管理体制"。① 该体制既是对《突发事件应对法》规定的"统一领导、综合协调、分类管理、分级负责、属地为主"的应急管理体制的传承，又是对其的改革和深化。

（1）统一指挥。统一指挥明确的是应急管理的指挥权。《突发事件应对法》中的统一领导明确的是领导权，领导权主要表现为以相应责任为前提的指挥权、协调权。统一指挥则明确了在突发事件应对过程中统一指挥的重要作用，其目的是防止出现多头管理、职责混乱的现象，提高应急管理的效率。统一指挥之下，实行资源统一调度，形成全国一盘棋的组织指挥机制，充分发挥中国特色社会主义应急救灾的制度优势。如表 1—1 所示，水利部负责水旱灾害防治，中国地震局负责地震灾害应急救援，国土资源部负责地质灾害防治，农业部负责草原防火，国家林业局负责森林防火，民政部负责灾害救助等。为了协调应对自然灾害，我国成立了防汛抗旱指挥部、抗震救灾指挥部、减灾委、森林防火指挥部等高层次议事协调机构。应急管理部的成立使这些分散的职责得以有效的整合，便于统一指挥和协调。统一指挥，不仅统一调动各种资源，还能够统筹救灾任务及救灾投入，这样就保证在灾区救援中形成合力，形成一盘棋的救援态

---

① 《中共中央关于坚持和完善中国特色社会主义制度　推进国家治理体系和治理能力现代化若干重大问题的决定》，新华社北京 2019 年 11 月 5 日电。

势，既减少了灾区的混乱，又节约了救灾的资源，还提高了救灾的效果。统一指挥是适应我国综合应急救援特点的体制内容。综合救援涉及多项业务，部门多、行业多，建立统一指挥调度机制。立足打大仗、打恶仗，完善跨区域增援调动机制，出台各类跨区域增援方案，灾害发生时，按照命令整建制调派充足力量，可以跨国、跨区域作战，按照纵向到底，横向到边，不留死角，全面覆盖的原则，直接指挥调度省（直辖市）、市、县级应急救援力量，掌握一手情况，下达作战命令，真正凸显"快速性"标准。

（2）专常兼备。专常兼备明确了各种组织在应急管理过程中的组织间相互协调问题。相对于《突发事件应对法》中的"综合协调、分类管理"，专常兼备不仅涵盖了二者的具体内容，而且更明确了在应急过程中不仅要发挥专业性的组织，还要融入有特长的组织，充分体现了大应急管理的理念。专常兼备是各部门之间的专常兼备。应急管理工作包括安全生产类、自然灾害类等突发事件和综合防灾减灾救灾工作，以及安全生产综合监督管理和工矿商贸行业安全生产监督管理工作。涵盖了消防管理职责、救灾职责、地质灾害防治职责、水旱防治职责、草原防火职责、森林防火职责、震灾应急救援职责等，不同的事件有不同的特征，不同的应对处置措施，需要专项应急牵头部门以及其他支持部门，启动不同的响应级别。专常兼备是各救援队伍之间的专常兼备。应急救援队伍可以分成国家综合性消防救援队伍、专业应急救援队伍、解放军和武警部队应急救援队伍、社会应急救援队伍以及国际应急救援队伍。多种应急救援力量的整合，履行专业应急救援、常规应急处置的职能，产生"1+1>2"的效应。专常兼备是救援物资的专常兼备。许多应急部门都储备了一定种类与数量的应急物资，但彼此之间因部门分割而缺少共享、共用，造成了物资的重复储备或储备的空白。应急管理部成立之后，与新成立的国家粮食与物资储备局合作，整合分散于各个部门的应急物资，提高物资储备与使用的效率，降低储备成本。救援物资满足常态减灾需求之上，在重点地区、重点部位、重点工程进行专业化救援物资储备。保证一旦有事，物资能够第一时间应用到应急救援现场，最大程度减少灾害损失。

（3）反应灵敏。应急救援在某种程度上就是和时间赛跑，提高应急救援的快速反应能力，既是要求，又是效果。原来很多机构不在一个部门里边，很难把它充分地协调，由同一个部门来管的话，适应了灾害事故自身的发展链条，可以全过程地实施监管和及时地进行应急救援，那么效率自然提高了很多，跨出了非常大的一步。灾情信息的统一收集与发布为反应灵敏提供了可行性。面对同一场自然灾害，应急、减灾、防汛抗旱等部门都建立了自己自成体系的灾情收集与报告制度，经常出现灾情统计数字差异较大，给应急决策者带来很大的障碍与困难。灾情信息决定着应急力量与资源的调配范围与速度，是避免应急响应不足或应急响应过度的重要依据。统一指挥是反应灵敏的基础。反应灵敏是统一指挥的效果。自然灾害的发生可能会引发次生灾害，也会导致事故灾难，以往不同的灾害事故分属于不同的部门，不同部门之间沟通、协调需要浪费宝贵的救灾时间，应意管理部门既负责指导火灾、水旱灾害、地质灾害等防治，也负责安全生产综合监督管理和工矿商贸行业安全生产监督管理。在统一收集的灾情研判基础上，进行统一指挥避免从前存在的责任不清、相互扯皮问题，有利于对灾难原因进行实事求是的调查评估，进而弥补风险监管的缝隙，应急处置过程必然反应灵敏。

（4）上下联动。上下联动是指上级政府对下级各有关政府、政府与社会有关组织、团体的联动。相对于《突发事件应对法》规定的"分级负责、属地为主"，上下联动明确了分级负责之间的关系不是独立行动，而是协调联动。在强调"属地为主"的同时，又说明上级政府和下级政府之间、民众之间、社会组织之间的联动关系。上下联动是上级政府对下级各有关政府的联动。作为国务院组成部门，应急管理部的正部级机构设置高于原国务院应急办司局级的架构。随着地方政府设立应对的应急厅、局，上下形成一个具有凝聚力和归属感的系统，稳定应急管理队伍，使应急经验得以持续积累。上下联动是上级政府与社会有关组织、团体和民众的联动。社会组织和民众是最初的应急响应单元，是直接的承灾体，既是公共安全保护的主要对象，又是实施公共安全保障的重要力量。公众参与对维护公共安全、预防和应对安全风险非常关键。在灾害事故来临时，公众第一时间的自救和互救对提高生存率发挥着不可替代的作用。上下联动关键在协调性。重大突发事件具有极强的复杂性、关联性和耦合性，常常突破既有的地理边界和行政管理边界。它们对公众的生命、健康与财产安全造成严重影响并成为通过上下联动推动有关地方、部门和企业履行责任。以上带下、上下一体形成安全监管的高压态势，同时帮助指导解决问题。推动国家、省、市、县应急管理体系一体化建设。

二、应急管理部成立后应急管理体制改革

应急管理部副部长孙华山表示，这次改革中应急管理部是涉及职能整合最多、情况最为复杂的部门，所以应急管理部的改革任务很重。在队伍融合上应急管理部做了三方面工作：一是以使命担当来促干部融合。应急管理部认真学习贯彻习近平总书记训词精神，将"对党忠诚、纪律严明、赴汤蹈火、竭诚为民"四句话方针植入灵魂，强化使命担当、责任担当。

二是以应急文化来促干部融合。牢固树立以人民为中心的发展思想，大力弘扬"生命至上、科学救援"理念，坚定"不放弃、不抛弃"的执着，形成干事创业的文化氛围。三是以公正选人用人来促干部融合。科学设置岗位职责，发挥专业特长，按照人岗相适的原则予以充实调整，真心关爱干部、真心帮助解决实际困难，增强队伍的荣誉感、归属感、获得感，使每位干部全身心投入到应急管理改革发展事业上来。

推进应急管理体制机制改革，不是简单的改名字、换牌子，而是一次全新的再造、重建，是脱胎换骨；不是简单的"物理相加"，而是要真正发生"化学反应"。在机构改革过程中，我们坚持优化、协同、高效的原则，对外与23个部门加强沟通，处理好统与分的关系，界定好防与救的职责；对内加强职能的融合和重塑，优化组织结构和运行机制，把分散体系变成集体体系，把低效资源变成高效资源。在工作推进中，应急管理部突出了三个重点：一是预防，二是治理，三是救援。应急管理部坚持以防为主、预防第一的思想，建立完善风险防控体系，强化风险研判和评估，建立起有针对性的应急预案，着力防范风险、化解风险，同时完善隐患排查治理体系，深化重点行业领域安全整治，有效防范和遏制重特大事故发生。此外，应急管理部还强调要强化救早、救小，及时掌握灾情信息，早研判、早行动，快速响应、科学施救，防止小灾演变成大灾，最大限度地减少灾害损失。

应急管理部目前还着力建设中国应急信息网，将打造一个面向公众的、权威的信息发布平台，日常状态下主要是侧重风险的预报预警和科普知识宣传，应急状态下，将第一时间发布救灾和灾情的重要信息。应急管理部将及时准确、公开透明地发布信息，依托气象、地震、水利、自然资源等方面的监测设施，发挥全国70多万灾害信息员的作用，及时收集、监测灾害信息，第一时间向社会发布。针对重特大的灾害事故，除发布灾害信息以外，应急管理部还将发布安全提示、救援进展，让社会公众能够及时了解防灾避险知识和现场救援情况。另外，应急管理部正在和有关部门协商，建立应急信息精准推送机制，一旦有重大灾情险情，将对相关地区和相关人群快速发出提示预警信息。

应急部门的职责定位表现在，防范化解重特大安全风险的主管部门，健全公共安全体系的牵头部门，整合优化应急力量和资源的组织部门，推动形成中国特色应急管理体制的支撑部门，承担提高国家应急管理水平、提高防灾减灾救灾能力，确保人民群众生命财产安全和社会稳定的重大任务，总体趋势是，在全灾种适度回收的前提下，分类管理落实风险、灾害与安全的全过程管理。例如，应急管理部纳入水利部门防汛抗旱的预防职能后将水旱灾害管理实现防灾、减灾、救灾相统一。同时，公安消防部队和武警森林部队转制成立综合性消防救援队伍，与安全生产、地震应急等应急救援队组成综合性应急救援队伍，作为应急救援的综合性常备应急骨干力量，由应急管理部管理，实行统一领导、分级指挥。

应急管理部的组建，标志着我国开始建立由强有力的一个核心部门进行总牵头、各方协调配合的应急管理体制。组建应急管理部、推进应急管理体制改革，是民心所向、众望所归，但我国应急管理体制刚刚经历脱胎换骨式的重大改革，在今后面对突发事件时各部门之间的默契度如何，能否迅速有效地最大程度规避损失都有待进一步证明。突发事件的发生不以人的意志为转移，突发事件也不会等新部门完全组建好了再发生，这就需要我们时刻做好准备，而2019年底席卷全球的新冠疫情则是应急管理部成立之后面临的第一次"大考"。

第二节 我国应急管理部成立的导向及意义

2019 年底新冠疫情暴发，成为新中国成立以来疫情传播速度最快、感染范围最广、防控难度最高的一次重大突发公共卫生事件。这一事件对我国公共卫生体系和公共治理能力提出了严峻考验，而我国快速响应向世界证明了中国速度，这正是应急管理部成立以来打得最为艰难且漂亮的一战。

一、我国应急管理部成立的导向

在"非典"疫情之后，我国开始了现代应急管理事业建设，其核心是人们耳熟能详的"一案三制"，即应急预案、应急体制、机制和法制。客观地评价，"一案三制"在我国现代应急管理事业草创与起步阶段起到了巨大的推动作用。但是，从预案来看，它打上了工业社会安全生产的烙印。在工业社会，应急预案可以基于既往的应急经验和对未来风险的研判，实现对突发事件应对的未雨绸缪。而安全生产领域的突发事件主要表现为简单、确定的事故灾难，大抵是有规律可循的并可以限定在企业围墙内部的。但是，一旦它被平移到 21 世纪应对社会上复杂、不确定的突发事件，就可能会力不从心。实践部门对应急预案"不管用""不顶用"的感慨由此而生。"非典"后，我国将应急预案作为应急管理的"龙头"与"抓手"。在现代应急管理"平地起高楼"的初创时期，"抓手"一词是准确的，也就是应急管理工作"切入点"的意思。

不仅如此，体制机制与法制的建设搭建起应急管理的框架。但是，

"三制"的提法适合一切工作领域，没有反映现代应急管理的重要规律。体制机制与法制实际上是"三位一体"的。简言之，体制是应急管理的组织方式，机制是应急管理的具体工作模式，法制是以法律法规的形式将体制与机制建设的内容加以确定、固化。但是，体制具有刚性，并对机制具有决定作用。体制预留给机制的创新空间总是有限的。所以，应急体制至关重要，实际上应为应急管理的"龙头"。

在管理体制上，我国从国务院到县级市人民政府的办公厅或办公室内部都成立应急管理办公室，以履行应急值守、信息汇总和综合协调职能。其中，综合协调对于应急办是最为重要的，因为它满足了现代应急管理综合应对复杂性风险的需求。但是，多年来这一应急机构难以完成至关重要的综合协调职能。这是因为：第一，应急办作为政府办公厅或办公室的内设机构，层级普遍偏低，难以协调应对复杂性突发事件所需参与的同级或上级部门。在"有位才能有为"理念的驱动下，应急办功能出现萎缩和"内卷"，越发倾向于充当领导应急决策的"耳目"和"参谋"。地方政府纷纷成立应急委而将应急办作为应急委的办公室。这在一定程度上弥补了应急办层级偏低的缺憾，但没有从根本上解决问题，因为应急委是作为特别紧急状态下的决策和议事协调机构而存在的。第二，全国的应急办规格不统一，上下级之间缺少实质上的领导与被领导、指导与被指导的关系，内聚力不高。应急办工作人员普遍存在本系统认同度较低的问题，队伍稳定性也较差，不利于应急管理经验的积累和代际传承。第三，应急办难以统摄公共安全事件的应对。在我国，突发事件被分为自然灾害、事故灾难、公共卫生事件与社会安全事件。在实践中，社会安全事件如群体性事件、恐怖袭击等主要由政法委，特别是政法委领导下的公安部门承担主责，而应急办主要协调的是自然灾害、事故灾难和公共卫生事件。第四，应急办无力协调防汛抗旱指挥部、减灾委、抗震救灾指挥部、森林防火指挥部等高级别的议事协调机构。这些机构的办公室设在某一政府部门内，同时往往也是应急办专项指挥部所在地。同一部门的不同身份经常"打架"，使得应急协调出现问题。长期以来，应急办工作人员在体制不顺畅的情况下为我国应急管理事业的发展、确保社会公众的生命财产安全做出了重要贡献，但碍于"小马拉大车"的现实，应急办很难在应急协调上大有作为。所以，要加强、优化、统筹国家应急能力建设，构建统一领导、权责一致、权威高效的国家应急能力体系。

二、我国应急管理部成立的导向及意义

在此轮国家机构改革中，应急管理部将安监、应急、消防、救灾、地质灾害防治、水旱灾害防治、草原防火、森林防火、震灾应急救援等职责跨部门整合在一起，涉及国家安监总局、国务院办公厅、公安部、民政部、国土资源部、水利部、农业部、国家林业局、中国地震局等部门。而且，此次改革将国家防汛抗旱总指挥部、国家减灾委员会、国务院抗震救灾指挥部、国家森林防火指挥部的职责一并加以整合。"9+4"结构体现了我国将主要的自然灾害与事故灾难应急职能加以统筹考量的应急体制改革思路，在很大程度上有利于提升应对复杂性突发事件的能力，是我国加强现代应急管理的一个重要契机。

一是有利于加强灾害应急管理的统筹协调。目前，我国正处于经济转轨、社会转型的关键时期，各种自然灾害与事故灾难频繁发生，给公众的生命、健康与财产安全造成了严重的威胁。以往，我国灾害应对存在严重

碎片化的问题。民政部负责灾害救助，国土资源部负责地质灾害防治，水利部负责水旱灾害防治，农业部负责草原防火，国家林业局负责森林防火，中国地震局负责震灾应急救援等。为了协调应对自然灾害，我国成立了防汛抗旱指挥部、减灾委、抗震救灾指挥部、森林防火指挥部等高层次议事协调机构，体制叠床架屋，十分繁杂。应急管理部的成立使这些分散的职责得以有效的整合，便于统一领导和指挥，可以提高应急管理的统筹协调水平。

二是有利于提高灾害应急管理的专业能力。作为国务院组成部门，应急管理部的正部级机构设置高于原国务院应急办司局级的架构。并且，新组建的应急管理部的 10 位领导中有 3 位是正部级干部，规格较高。未来，地方政府将设立对应的应急机构，上下形成一个具有凝聚力和归属感的系统，稳定应急管理队伍，使应急经验得以持续积累。同时，应急管理的专业性也会不断提高。

三是有利于实现灾害应急救援资源的整合。长期以来，公安消防主要从事火灾扑救工作以及社会救援工作，受武警总部与公安部的双重领导。《突发事件应对法》规定，县级市以上人民政府建立综合性应急救援队。从各地实践来看，综合性应急救援队主要依托公安消防部队而建。武警森林部队主要从事森林火灾扑救，受武警总部与国家林业局的双重领导，主要分布于东三省、内蒙古、云南等地。按照"军是军，警是警，民是民"的武警改革原则，公安消防部队、武警森林部队进行转制。转制后，他们将与安全生产、地震应急等救援队伍一道，由应急管理部统一管理。这可以实现多种应急救援力量的整合，产生"1+1>2"的效应。不仅如此，应急管理部还将统筹应急物资的储备。历史上，许多应急部门都储备了一定种类与数量的应急物资，但彼此之间因部门分割而缺少共享、共用，造成了物资的重复储备或储备的空白。应急管理部成立之后，应与新成立的国家粮食与物资储备局合作，整合分散于各个部门的应急物资，提高物资储备与使用的效率，降低储备成本。

四是有利于灾情信息的统一收集与发布。以往，面对同一场自然灾害，应急、减灾、防汛抗旱等部门都建立了自己自成体系的灾情收集与报告制度，经常出现灾情统计数字差异较大，给应急决策者带来很大的障碍与困难。灾情信息决定着应急力量与资源的调配范围与速度，是避免应急响应不足或应急响应过度的重要依据。应急管理部有条件统一各个应急信息平台，建立整合的灾情报告系统，并统一发布灾情信息。

五是有利于形成对灾害风险整合式治理的局面。应急管理部既负责指导火灾、水旱灾害、地质灾害等防治，也负责安全生产综合监督管理和工矿商贸行业安全生产监督管理。自然灾害也可能导致事故灾难，如2008年的南方低温雨雪冰冻灾害对多个城市的关键基础设施运行造成威胁，引发"自然—技术"型灾难。而且，应急管理部的成立还可以避免从前存在的责任不清、相互扯皮问题，有利于对灾难原因进行实事求是的调查评估，进而弥补风险监管的缝隙。此次，应急管理部的组建体现了优化、协同、高效的原则。优化即科学合理、权责一致。新组建的应急管理部有足够的权力与权威，统筹应对自然灾害与事故灾难类突发事件。密切协同，有统有分、有主有次。新组建的应急管理部并没有将公共卫生与社会安全事件处置的职能纳入其中。未来，卫生健康委员会、公安部形成大应急管理的"三巨头"，要彼此密切协同。高效即履职到位、流程畅通。应急管理部成立后，应重构应急管理流程，整合相关力量，使之产生"化学反应"和协同效应，努力实现我国应急管理水平跨越式发展。

第三节　我国应急管理部的主要功能与作用

加强应急管理体系和能力建设，既是一项紧迫任务，又是一项长期任务；不仅要健全风险防范化解机制，坚持从源头上防范化解重大安全风险，而且要加强应急救援队伍建设和强化应急管理装备技术支撑。政府应急管理能力建设是一项复杂的系统性工程，从长期来看也始终处于动态变化的过程，无论是建设目标还是判定标准等都会不断得到调整和优化，这也意味着在特定的时期和阶段，需要更为紧密地结合具体形势与背景来周密谋划制定提升能力的有效措施。

应急管理部的组建成立为进一步提升各相关主体的协同能力奠定了至关重要的组织机构与制度基础。然而，无论是从政府机构改革的角度，还是从应急管理体系与能力建设的角度，目前依然是处于一个磨合期和过渡期，距离真正完全适应当前形势与突发事件应对需要的协同能力还有较长的一段路程。具体而言，在新一轮的政府机构改革中，应急管理部的组建顺应了综合性应急管理体系与能力建设的大势，更加注重风险管理和综合减灾的导向非常明确，但是从所涉及的多项职责的转移与重新划分，以及综合性应急救援队伍建设等方面来看，这一项系统工程不可能一蹴而就。例如，在机构职责和人员队伍及时调整到位方面，转隶和转制的过程实际上并非简单的关系调整，而是需要结合思想建设和工作规划等多个方面来逐步消化和融合。正如国务院应急管理专家组组长闪淳昌教授直接指出的，公安消防和森林武警等队伍的转制并非简单的机构撤并重组和人员的去留进退问题，而是需要尽快制定出更加合适的职务职级序列和管理办法；同时，应急管理工作的平稳过渡，也需要依照各领域的实际情况和特点，按照前期的一系列的规划和意见，一如既往地开展工作。另外，依照现行的体制架构与职责配置，应急管理部门也并未成为完整意义上的综合性部门，因为突发公共卫生事件和社会安全事件等风险的防范应对，仍然还需要卫生部和公安部等作为牵头部门。

我们认为加强应急管理体系和能力建设，要坚持群众观点和群众路线，坚持社会共治。综合性应急管理体系的建设与发展，是一个需要广泛动员和全员参与的长期过程。面对突发事件风险的持续累积，政府作为首要的应对主体必须在加强自身建设和确保常态化应对的基础上，让全社会都能够有序地参与到突发事件的防范与应对之中。也就是说，当前和今后的政府应急管理能力建设，始终面临着能否充分发动群众和有效组织各类资源的动员能力的问题。

应急管理部的成立，通过宣传和教育等多种手段加快促进了全体社会成员危机意识和参与意识的提升，即不仅要使所有人都能够有"居安思危"的忧患意识，认识到当前形势下整体社会公共安全状况的严峻性，以及应急管理体系与能力建设任务的艰巨性和紧迫性，而且还要使所有人都能够自发和有序地参与到应急管理体系与能力建设的过程当中，充分发挥出各自的影响和作用。"非典"危机之后，群众的安全意识和防灾避险能力有了明显提高，但无论是相比发达国家还是对应于突发事件高发频发的现实需求，目前国内群众的危机意识和参与意识都还远未达到一个合理的水平。例如，对于比较容易辨识的诸如地震和洪水等灾害风险，群众的安全意识有了很大提升，但是对一些短期内不容易产生显著变化的风险的累积则往往在认识上比较淡漠。

此外，应急管理部在完善应急管理体系顶层设计的基础上，合理地为政府、企业、社会和个人等所有相关主体设定目标和明确职责。应急管理体系与能力建设牵涉经济发展与社会生活的各个领域，按照当前所设定的统一指挥、专常兼备、反应灵敏、上下联动、平战结合的中国特色应急管理体制的总体目标，政府既需要尽快地理顺自身的职责分配与权责关系，同时也需要帮助企业、社会和个人等相关主体明确定位，否则，就会形成由政府部门单打独斗，或者相关主体难以实现有效的协调与配合的局面，突发事件防范与应对能力的提升也就无从谈起。这一点，在自然灾害防灾减灾领域中，比较突出地体现在志愿者组织等社会力量的组织方面，而在安全生产监督管理领域，则比较突出地体现在部分企业无视应当承担的应急管理职责和社会责任，忽视甚至逃避自我监督和管理责任方面。所以，进一步明确各主体的目标定位和应承担的职责对于有效动员至关重要。

最后，应急管理部的组成加快健全社会动员机制，使得各类资源和力量都能够通过恰当的渠道和途径参与突发事件的防范与应对。显而易见的是，以具备足够的危机意识和参与意识，并能够明确自身的目标定位和职责为基础，能够提供足够丰富并且恰当的渠道和途径，就是实现充分发动群众、有效组织各类资源的强大动员能力的重要保障。仍以社会组织等主体的有效参与为例，虽然目前我国社会组织的数量增长很快，并且在社会治理中扮演着越来越重要的角色，但是其在应急管理领域中的作用还没有得到充分发挥。例如，虽然近年来很多社会组织在灾害救援和善后恢复过程中发挥了重要作用，但社会组织的救灾网络并没有形成，很多社会组织还处于"不得其门而入"的状态，在事前的风险防范环节其影响和作用也没有得以彰显。为此，应进一步畅通各主体的参与渠道并使得参与途径更加丰富，以实现应急力量的整合与优化。

总之，充分发动群众和有效组织资源的动员能力，是新时代政府应急管理能力建设面临的一项重大课题。强大动员能力的形成，既是对政府部门自身建设与发展的严格要求，同时也是社会力量有序参与应急管理行动的迫切需要。就政府主体而言，过去主要依赖政治动员的方式固然留下了宝贵的经验，但是新的形势和条件下，更多的是需要通过完善规则、建立平台、提供服务、强化培训，尤其是加强沟通与协调等多种手段和方式来保证其有效性与可持续性。

我国是世界上自然灾害损失最为严重的国家之一，同时随着工业化、城镇化和市场化的加速发展，安全生产、公共卫生和社会安全等各个领域的风险水平也持续上升，并已在当前的经济转轨与社会转型中迎来了突发事件高发频发的时期和阶段。例如，根据国家减灾委 2016 年发布的《"十二五"时期中国的减灾行动》，仅自然灾害一项每年就导致了平均 3.1 亿人次受灾、1500 多人死亡、900 多万人紧急转移安置、2700 多万公顷农作物受灾，以及 3800 多亿元的直接经济损失。2019 年，应急管理部指出，在"人努力"和"天帮忙"的共同作用下，2017 年和 2018 年的自然灾害损失有明显的下降趋势，如受灾人口分别为 1.44 亿人次和 1.3 亿人次、因灾死亡（含失踪）人口分别为 979 人和 635 人，直接经济损失分别为 3018.7 亿元和 2644.6 亿元。然而，这并未从根本上改变我国乃至全球都正在遭受影响范围日益扩大且程度日益加深的自然灾害侵扰的总体趋势。同时，尽管事故总量、死亡人数和重特大事故数量都呈现出了显著的下降趋势，但安全生产事故风险水平仍然不容乐观。如果再考虑突发环境事件、道路交通、溺水和群体性事件等导致的损失与影响，显然不难得出当前社会整体安全风险仍然处于高位的结论。为此，当前政府应急管理部门的各项工作职责，在根本上依然是防范化解重大安全风险，而且由于工作量大面广且涉及战线较长，也不可能一蹴而就。

面对依然严峻的应急管理形势，现阶段政府应急管理能力的建设与发展，不仅在于积极推动协同治理、平战结合和有效动员，同时也更需要能够经由综合性应急管理体系的建设与发展，发挥出超稳定的效果。保障和改善民生没有终点，只有"连续不断的新起点"。在现阶段我国的应急管理体系与能力建设进入新的历史起点的条件下，政府应急管理能力的提升也需要有更高的站位和行动方略。一方面，社会稳定是相对而言的，致力于政府应急管理能力建设与发展的各项措施，不应当将目标定位于机械和静止不变的内容或状态。在现代应急管理活动中，如果仅将目标定位于这些统计指标，就很容易忽视自然灾害和事故灾难等突发事件所导致的复杂的综合性影响，甚至会产生人为干扰和隐瞒伤亡人口数量和损失具体情况的不正常现象。从近年来一些突发事件应对的实际情况来看，瞒报等现象的时有发生，既严重地损害了政府和社会的公信力，同时也暴露出了当前政府应急管理能力建设在具体站位与目标管理上存在的漏洞与不足。另一方面，新时代的政府应急管理能力建设，所实施的各项行动措施都应当致力于形成一种超越传统社会稳定观念的注重变革和发展的新型社会稳定理念。传统农业社会的稳定诉求，往往被称为一种停滞型的社会稳定观念，即以自给自足的自然经济为基础，社会结构处于一种变化十分缓慢的状态。然而，随着科学技术的飞速发展和普遍应用，工业化时代早已处于风险社会的状态，借助持续的合理变革与科学调整来树立和坚持发展导向，也早已成为了世界各国的普遍共识。按照中国特色应急管理体制建设的目标要求来看，如何经由全面系统的风险分析和科学合理的应急管理绩效评价，遏制住突发事件的高发频发态势，推动政府应急管理能力建设，最终能够形成超稳定的效果，就成为新时代中国特色应急管理体制建设目标的一个内在要求。

第三章　新时代自然灾害类突发事件
应急管理体系

第一节　自然灾害类突发事件概述

从历史上看，人类社会的发展和进步总是伴随着各种各样灾难的发生。我国地域辽阔，区域内地理环境差异较大，各种自然灾害频频发生，特别是随着我国经济转型的快速发展，人与自然的矛盾日益突出，以大气污染等为代表的公共危机进入高发期，在极大地影响人民群众日常生活的同时，也给国民经济发展和社会带来了巨大的损失和破坏。政府部门面对公共危机要在自然灾害发生后快速响应，在一定期限内最大限度地降低损害，对自然灾害引发的公共危机的处理是政府的重要职责。而我国，对于公共危机管理理论研究相对较迟，缺乏应对自然灾害的危机管理实践经验，开展公共危机管理研究具有一定的必要性和紧迫性。

自然灾害作为危害人类可持续发展的重要因素，正激起人们越来越严重的关注。"国际减灾十年"活动的开展，是人类社会第一次旨在通过全球的共同努力，来有效地减轻灾害的危害，从而具有深远的意义和影响。应该说，未来的减灾任务会更加艰巨，我们必须知难而进。在重大灾害中，洪水灾害是破坏巨大的灾害及产生重大影响的灾害类型中增长最快的，其次是热带气旋和干旱。流行病在造成人员伤亡惨重的灾害中增长最快，其次是洪水。在影响人类的各类自然灾害中，洪水、热带气旋、干旱和地震造成的经济损失和破坏最大，而且洪水、热带气旋和干旱影响的人数也最多，洪水、热带气旋、地震和流行病造成人员伤亡最多。其次，滑坡和暴风也造成了严重的人员伤亡。所以说，洪水、热带气旋、干旱和地震是世界上最严重的自然灾害类型，是减灾工作的重点。需要指出的是，对于自然致灾因素而言，它对各国和地区所造成的人员和经济影响，与当地的经济和社会发展程度、人口数量和防灾措施等相关。一般而言，灾害对于经济脆弱、人口密集和防灾措施较差的国家和地区产生的破坏，要比经济发达、人口稀少和防灾措施得力的国家和地区严重。

我国是世界上自然灾害最多、损失最严重的国家之一。近几年，我国极端天气气候事件明显增多，地震活动比较活跃并处于强烈地震多发时期，区域性严重洪涝灾害时有发生，在灾害多发易发地区，人民群众生命财产损失严重，这些都对减灾救灾工作提出巨大挑战。因此，加强自然灾害管理，做好减灾救灾工作，一直以来都是各级政府保民生促发展重要的基础工作和承担的艰巨任务。如今，我国经济发展已进入新常态，当前和今后一个时期认识新常态、适应新常态、引领新常态是中国经济发展的大逻辑，也是发展减灾救灾事业的基本遵循。减灾救灾工作主动适应新常态，需要在坚持法治思维、完善工作机制、突出问题导向、加强自身建设、拓宽工作渠道和强化为民理念等方面，进一步提高规范管理、快速反应、创新发展、统筹协调、社会动员和服务受灾群众的能力。我国各地政府和企业高度重视突发自然灾害的预案制定工作，近两年相继出台突发自然灾害应急预案的法律法规，基本完成突发自然灾害应急预案的编制工作。近两年，我国突发自然灾害发生后，从各级政府及时启动应急预案的情况来看，我国各级政府的风险防范意识已经有所提高，但从自然灾害发生时相关部门的应急管理中暴露出缺少思想准备、缺乏应急物资、应急技术水平不高和应对灾害责任不清等诸多问题，充分说明我国在自然灾害的应急预案建设中仍然存在很多不足之处，起到"救急"作用还不够。

第二节　我国自然灾害特点及影响

中国特色社会主义进入了新时代，中国进入前所未有的黄金发展时期，但也面临着前所未有的重大风险与挑战。根据《突发事件应对法》的"分类管理"原则，我国将可能发生的突发事件按照不同特征划分为自然灾害、事故灾难、公共卫生事件和社会安全事件四类，实施分类应急管理。面对当前我国可能面临的上述四类突发事件重大风险与挑战，面对波谲云诡的国际形势、复杂敏感的周边环境、艰巨繁重的改革发展稳定任务，我们必须始终保持高度警惕，既要高度警惕"黑天鹅"事件，也要防范"灰犀牛"事件；既要有防范风险的先手，也要有应对和化解风险挑战的高招；既要打好防范和抵御风险的有准备之战，也要打好化险为夷、转危为机的战略主动战。

表 3—1　我国突发事件类型

分类	具体内容
自然灾害	（1）水旱洪涝灾害
	（2）气象灾害：冰雹；沙尘暴、寒潮、高温、霜冻等
	（3）地质灾害：地震、土地退化、泥石流等
	（4）海洋灾害：赤潮、巨浪、风暴潮、海冰、海啸
	（5）森林火灾和重大生物灾害：虫灾、鼠害等
事故灾难	（1）重大交通与运输事故（公路、铁路、水运、航空、轨道交通）
	（2）工矿企业、建筑工地等生产安全事故
	（3）环境污染和生态破坏事故
	（4）城市生命线系统事故：水、电、气供应事故等
	（5）通信类安全事故
	（6）核辐射事故
公共卫生事件	（1）重大动物疫情：禽流感等
	（2）传染病疫情：SARS、埃博拉病毒等
	（3）重大食物中毒和职业危害
	（4）群体性不明原因疾病
	（5）其他严重损害公众健康的事件
社会安全事件	（1）恐怖袭击事件
	（2）重大刑事案件
	（3）经济安全事件
	（4）涉外突发事件
	（5）民族宗教事件
	（6）规模较大的群体性突发事件

资料来源：国务院颁发的《国家突发公共事件总体应急预案》，2006 年，第 15—30 页。

一、我国自然灾害的特点

我国是世界上自然灾害最为严重的国家之一，灾害种类多、分布地域广、发生频率高、造成损失严重。2000 年以来，我国自然灾害风险加大，灾害呈高发态势，重特大灾害时有发生，防治自然灾害面临复杂严峻的形势和挑战，必须强化灾害风险的综合防范。

我国的自然灾害有五个特点：一是灾害种类多。二是分布地域广。我国 32 个省区市均不同程度受到自然灾害的影响，70% 以上的城市、50% 以上的人口分布在气象、地震、地质、海洋等灾害的高风险区。三是发生频率高。区域性洪涝、干旱每年都会发生，东南沿海地区平均每年有 7 个左右的台风登陆。同时我国大陆地震占全球陆地破坏性地震的 1/3，是世界上大陆地震最多的国家。四是灾害损失严重。21 世纪以来，我国平均每年因自然灾害造成的直接经济损失超过 3000 亿元。因自然灾害每年大约有 3 亿人次受灾。五是灾害风险高。近年来，随着全球气候变暖，导致我国极端天气气候事件多发频发，高温、洪涝、干旱的风险进一步加剧，地质灾害风险也越来越高。这些高灾害风险区又都集中在东部人口密集和经济发达地区。随着经济全球化、城镇化快速发展，各种灾害风险相互交织，相互叠加，我国自然灾害面临更加复杂的严峻形势和挑战。受气候异常、林区可燃物超载、野外火源管控难度大等因素影响，一些林区森林火险处于较高水平。尤其在汛期，全部自然灾害的风险叠加处于较高水平，特别是洪涝、台风、局地的山体滑坡泥石流灾害风险比较高。防范化解重大灾害风险，确保人民生命财产安全和经济社会可持续发展的压力越来越大。

自然灾害多发频发重发，与我国独特的地理气候环境和社会经济发展状况有密切关联。从气候因素看，中国大陆地处中纬度，东濒太平洋，西为世界地势最高的青藏高原，海陆大气系统形成复杂的反馈关系，加之受季风等因素影响，导致台风、暴雨、风雹、低温、冷冻、雪灾等气象灾害多发频发。近年来，受全球气候变化影响，我国极端天气气候事件趋多趋强，各类灾害的突发性、反常性、难以预见性常常超出一般认识和传统经验。《第三次气候变化国家评估报告》指出，近百年（1909—2011）我国地表平均温度上升 0.9℃—1.5℃，沿海海平面 1980—2012 年以年均 2.9 毫米的速率上升，高于全球平均水平。从地理因素看，我国位于欧亚、太平洋及印度洋三大板块交汇地带，是欧亚地震带、喜马拉雅地震带及环太平洋地震带的重要分布区，地壳活动剧烈，地形变化复杂，因而是世界上地震与地质灾害最严重的地区之一。我国大陆 58% 的国土面积属于基本烈度 7 度以上的地震高风险区，大陆国土面积占全球大陆面积 1/14，但全球大陆地震有 1/3 以上发生在我国，地震造成的死亡或失踪人数占全球 1/2 以上。我国地势西高东低，长江、黄河、淮河、海河、珠江、辽河、松花江等七大江河贯穿全国大部分区域，由于降水时间集中，导致水患灾害严重。从人口和经济分布看，我国 70% 以上的城市、50% 以上的人口分布在气象、地震、地质、海洋等灾害高风险区，近半数城市和大量水库、电站、桥梁、大型工矿企业、油田、输油（气）管线等经济命脉分布在地震带上，七大江河中下游地区集中了全国 1/2 的人口和近 3/4 的国内生产总值，受威胁极大。

根据我国应急管理部发布的《2019 年全国自然灾害基本情况》以及《2020 年上半年全国自然灾害情况》显示，2019 年，我国自然灾害以洪涝、台风、干旱、地震、地质灾害为主，森林草原火灾和风雹、低温冷冻、雪灾等灾害也有不同程度发生。全年相继发生青海玉树雪灾、四川木里森林火灾、山西乡宁和贵州水城山体滑坡、四川长宁 6.0 级地震、超强台风"利奇马"、主汛期南方多省暴雨洪涝、南方地区夏秋冬连旱等重大自然灾害。2019 年，全国全年各种自然灾害共造成 1.3 亿人次受灾，909 人死亡失踪，

528.6 万人次紧急转移安置；12.6 万间房屋倒塌，28.4 万间房屋严重损坏，98.4 万间房屋一般损坏；农作物受灾面积 19256.9 千公顷，其中绝收 2802 千公顷；直接经济损失 3270.9 亿元。2020 年上半年，全国自然灾害以洪涝、风雹、地质灾害为主，森林火灾、地震、干旱、低温冷冻和雪灾等也有不同程度发生。各种自然灾害共造成 4960.9 万人次受灾，271 人死亡失踪，91.3 万人次紧急转移安置；1.9 万间房屋倒塌，78.5 万间房屋不同程度损坏；农作物受灾面积 6170.2 千公顷；直接经济损失 812.4 亿元。与去年同期相比，受灾人次上升 41.5%，因灾死亡失踪人数、倒塌房屋数量分别下降 26.2%、53.7%，直接经济损失上升 15.3%。与近 5 年同期均值相比，受灾人次、因灾死亡失踪人数、倒塌房屋数量和直接经济损失分别下降 18.6%、32.4%、75.6% 和 16.9%。

2020 年上半年，我国各类自然灾害时有发生：一是全国平均降水量和江河来水总体偏多，中小河流洪水和局地山洪影响较大。全国平均降水量（275.9 毫米）较常年同期偏多 7%，华南前汛期（3 月 25 日）和江南梅雨期（6 月 1 日）较常年偏早 12 天和 7 天，共出现 14 次区域性暴雨过程；主要江河来水总体偏多，19 个省（区、市）309 条河流发生超警洪水，其中 45 条河流发生超保洪水，12 条河流发生超历史洪水。据统计，上半年洪涝灾害造成 26 个省（区、市）1770.7 万人次受灾，119 人死亡失踪，84.8 万人次紧急转移安置，1.5 万间房屋倒塌，直接经济损失 393.1 亿元。二是中小地质灾害频发，中南、西南地区较为突出。全国未发生单次造成 10 人以上死亡失踪的地质灾害事件，主要以中小型地质灾害为主。全国共发生地质灾害 1351 起，因自然因素引发的地质灾害造成 46 人死亡失踪。与多年同期相比，中南地区地质灾害发生次数最多、造成因灾死亡失踪人数最多，西南地区造成因灾直接经济损失最重。三是风雹灾害点多面广，雷击事件多发连发。全国共出现 28 次区域性短时强降雨、雷暴大风和冰雹等强对流天气过程，与近 5 年同期均值持平，较去年同期偏多 4 次。北方地区风雹主要以大风、冰雹等强对流天气为主，对农作物造成重大损失。南方地区风雹主要以短时强降雨、雷暴等强对流天气为主，云南、海南、广西等省（区）年均雷暴日数最多。据统计，上半年风雹灾害造成 29 个省（区、市）1129 个县（区）1090.3 万人次受灾，65 人死亡失踪（其中雷击致死 30 人），紧急转移安置 3.6 万人次，43.7 万间房屋损坏，农作物受灾面积 1595.8 千公顷，直接经济损失 187.9 亿元。四是森林火灾发生频次呈下降态势，时空分布相对集中。全国范围内开展的野外火源专项治理行动成效显著，森林草原火灾数量大幅度下降，为近 10 年同期最少。全国共发生森林火灾 806 起，受害森林面积约 5387 公顷，因森林火灾伤亡 37 人（其中死亡 34 人）。从时间看，森林火灾集中在 3、4 月，发生次数占上半年总数的 59%。从区域看，广西、四川、陕西、云南、广东、湖南、湖北等地火灾次数较多，占全国森林火灾次数 6 成以上。五是西部地区中强地震偏多，灾害损失相对偏轻。我国大陆地区共发生 5.0 级以上地震 17 次（其中 5.0—5.9 级地震 15 次，6.0—6.9 级地震 2 次），较历史同期偏高，主要发生在新疆、西藏和川滇偏远地区，未造成重大人员伤亡和财产损失。六是干旱灾害阶段性特征明显，云南冬春旱和华北、西北局地春夏旱交织发生。干旱灾害造成云南、四川、山西、陕西、内蒙古等 14 省（区、市）1164.5 万人次受灾，因干旱需生活救助 203 万人，农作物受灾面积 2053 千公顷，饮水困难大牲畜 199 万头（只），直接经济损失 65.9 亿元。截至 6 月底，4 省（区）中度以上气象干旱面积达 93.9 万平方公里，其中，内蒙古、新疆等地牧草受旱情况较重。七是西北、华北遭受低温冷冻较大影响，灾害损失偏重。全国共出现 17 次冷空气过程，较常年同期偏多。与近 5 年同期均值相比，全国低温冷冻和雪灾灾情相对较重，农作物绝收面积和直接经济损失分别上升53%和3%。

二、应急管理部开展第一次全国自然灾害综合风险普查

按照党中央、国务院决策部署，为全面掌握我国自然灾害风险隐患情况，提升全社会抵御自然灾害的综合防范能力，经国务院同意，应急管理部定于 2020 年至 2022 年开展第一次全国自然灾害综合风险普查工作。全国自然灾害综合风险普查作为一项重大的国情国力调查，是提升自然灾害防治能力的基础性工作。通过开展普查，摸清全国自然灾害风险隐患底数，查明重点地区抗灾能力，客观认识全国和各地区自然灾害综合风险水平，可为中央和地方各级人民政府有效开展自然灾害防治工作、切实保障经济社会可持续发展提供权威的灾害风险信息和科学决策依据。

普查对象包括与自然灾害相关的自然和人文地理要素，省、市、县各级人民政府及有关部门，乡镇人民政府和街道办事处，村民委员会和居民委员会，重点企事业单位和社会组织，部分居民等。普查覆盖各省、自治区、直辖市和新疆生产建设兵团。根据我国自然灾害种类的分布、影响程度和特征，本次普查涉及的自然灾害类型主要有地震灾害、地质灾害、气象灾害、水旱灾害、海洋灾害、森林和草原火灾等。普查内容包括主要自然灾害致灾调查与评估，人口、房屋、基础设施、公共服务系统、第一二三产业、资源和环境等承灾体调查与评估，历史灾害调查与评估，综合减灾资源（能力）调查与评估，重点隐患调查与评估，主要灾害风险评估与区划以及灾害综合风险评估与区划。

全国自然灾害综合风险普查涉及范围广、参与部门多、协同任务重、

工作难度大。为加强组织领导，成立国务院第一次全国自然灾害综合风险普查领导小组，负责普查组织实施中重大问题的研究和决策。领导小组办公室设在应急部，承担领导小组的日常工作，负责普查业务指导和监督检查。领导小组成员因工作变动需要调整的，由所在单位向领导小组办公室提出，报领导小组组长审批。领导小组属于阶段性工作机制，不属于新设立的议事协调机构，任务完成后即撤销。普查工作要按照"全国统一领导、部门分工协作、地方分级负责、各方共同参与"的原则组织实施。领导小组各成员单位要各司其职、各负其责、通力协作、密切配合，共同做好普查工作。应急部会同有关部门制定普查总体方案，建立普查的技术和标准体系，做好技术指导、培训、质量控制、信息汇总和分析，充分利用专业第三方力量和已有信息资源，建设全国自然灾害风险基础数据库，形成全国普查系列成果。县级以上地方各级人民政府要设立相应的普查领导小组及其办公室，充分整合已有资源，配强人员队伍，做好本地区普查各项工作。各省级人民政府要按照普查总体方案，结合实际制定本地区普查实施方案。

此次针对全国自然灾害综合风险开展的普查有助于我们摸清自然灾害"家底"，提高防治能力，要汇聚齐抓共管的合力。发挥集中力量办大事的政治优势，关键在坚持党的领导，形成各方齐抓共管、协同配合的自然灾害防治格局。坚持各级党委和政府在防灾减灾救灾工作中的领导和主导地位，发挥组织领导、统筹协调、提供保障等重要作用，更加注重组织动员社会力量广泛参与，建立完善灾害保险制度，加强政府与社会力量、市场机制的协同配合，充分调动社会各方面的积极性，让全国"一盘棋"的优势变成灾害防治工作的强大合力。摸清自然灾害"家底"，提高防治能力，要激发改革创新的动力。党的十八大以来，党中央突出问题导向、坚持底线思维，出台《中共中央国务院关于推进防灾减灾救灾体制机制改革的意见》，对加强灾害防治能力建设作出系统部署。一分部署，九分落实。要围绕中央提出的目标任务，把握重点、抓住要害，着力从健全统筹协调体制、健全属地管理体制、完善社会力量和市场参与机制等三个方面破障除弊，以改革试点示范破解难题、积累经验，以国际合作协力推动自然灾害防治，扎实推进自然灾害防治体系和防治能力现代化。摸清自然灾害"家底"，提高防治能力，要增强关键领域的实力。目前，制约灾害防治能力的短板依然不少。针对这些关键领域和薄弱环节，推动建设若干重点工程，既有利于补短板、强弱项，又为推动自然灾害防治能力整体提升提供有力支撑。从摸清风险隐患的底数，到增强预报预警的能力；从开展保护修复的行动，到落实避险搬迁的任务；从建设区域性应急救援中心，到改善灾害防治的技术装备，这次会议部署的 9 项重点工程，涉及面广、针对性强。以重点工程为抓手，聚焦聚力，就能取得以重点突破带动全局的效果，推动防灾减灾救灾工作迈上新台阶。

第三节　构建我国自然灾害防灾减灾应急管理体系

2020 年 5 月 12 日是我国第 12 个"全国防灾减灾日"，主题是"提升基层应急能力，筑牢防灾减灾救灾的人民防线"。在"十三五"时期，我国进一步加大了防灾减灾科技投入，以防灾减灾业务需求为导向，围绕国家战略部署和防灾减灾业务链、创新链实施了一批重大科技项目，形成了成灾理论研究、关键技术研发、仪器装备研制、应用示范、专业队伍建设等综合防范体系，为"十四五"我国新时期自然灾害防治创新体系的构建打下了坚实的基础，并促进了中国特色防灾减灾事业的持续稳固发展。

科技部坚决贯彻落实党中央、国务院关于加强防灾减灾救灾工作的决策部署，特别是习近平总书记关于防灾减灾救灾系列重要讲话精神，深入实施创新驱动发展战略，高度重视科技创新对我国防灾减灾救灾工作的支撑和引领作用，不断加强科技创新，通过国家重点研发计划重大自然灾害监测预警与防范专项，部署实施了一批重大科技项目，取得了一系列重要科技成果，对自然灾害发生演化规律与成灾机理的研究进一步深入，灾害监测预警、风险评估与防控、应急救灾、恢复重建等技术水平不断提高，对地观测与导航技术、新一代信息技术、人工智能等在重大自然灾害应对过程中发挥了重要作用，为相关部门和地方防灾减灾救灾工作提供了有力的技术支撑。

一是防灾减灾科技工作部署继续向纵深发展。科技部认真贯彻落实《国家综合防灾减灾规划（2016—2020 年）》，在我国全面建成小康社会的决胜阶段和全面提升防灾减灾救灾能力的关键时期，进一步完善国家防灾减灾科技创新体系，提升国家重大自然灾害防范的科学决策水平和应急能力，推动防灾减灾救灾领域产业化发展与技术扩散。

其一，发布《"十三五"综合防灾减灾科技创新专项规划》（以下简称《规划》）。《规划》明确了"十三五"时期综合防灾减灾科技创新的发展思路、发展目标、重点技术发展方向、重点任务和保障措施。《规划》提出了"十三五"综合防灾减灾科技创新的基本原则，应服务社会经济发展，提升灾害风险治理能力；向国家战略需求，突出重点、带动全局；促进科技创新应用，兼顾未来科技需求；有效集成整合资源，服务多元主体。《规划》布局了多项重点任务，内容涵盖自然灾害孕育演化与致灾机理的理论研究，防灾减灾技术体系研发与创新，防灾减灾服务平台建设与信息共享，相关技术和装备的示范、应用推广与产业化，面向共建"一带一路"国家的防灾减灾技术合作，自然灾害观测监测基地与防灾减灾救灾科技人才队伍建设等方向。

其二，启动国家研发计划"重大自然灾害监测预警与防范"重点专项。面对"十三五"时期严峻的自然灾害风险形势，以及国家防灾减灾救灾科技水平还远不能满足实际需求的问题，2016年科技部启动了"重大自然灾害监测预警与防范"重点专项，重点围绕重大地震灾害、重大地质灾害、极端气象灾害、重大水旱灾害的监测预警、风险防控与综合应对中的关键科学技术问题开展基础研究、技术研发和集成应用示范，形成并完善从全球到区域、单灾种和多灾种相结合的多尺度分层次重大自然灾害监测预警与防范科技支撑能力，推动关键技术、信息服务、仪器装备的标准化、产品化和产业化，建立一批高水平科研基地和高层次专业人才队伍，为我国经济社会持续稳定安全发展提供科技保障。

其三，深化防灾减灾科技体制改革。科技部积极着力构建部门协同、机构协作、专家合作与企业参与的应急组织机制，建设跨学科、跨部门、多灾种复杂灾情识别、演化预测的科技共享平台，打破条块分割、整合科技资源，提高执行效率，整体提升科技支撑防灾减灾工作能力。

二是全链条防灾减灾科技支撑能力大幅提升。通过《规划》总体部署和项目牵引，在重大地震灾害快速识别与风险防控、重大地质灾害快速识别与风险防控、极端气象灾害监测预警及风险防范、重大水旱灾害监测预警与防范、多灾种重大自然灾害评估与综合防范等方面开展了系统研究，取得了一批重要成果，提升了我国防灾减灾综合能力。

其一，自然灾害理论研究方面。深化了重大自然灾害成灾理论、灾害机理、形成过程和发生规律研究。针对地震灾害开展的基础性研究，揭示了同震和震后的结构演化，以及应力重新分配、断层相互作用关系，探明了震后余滑的应力驱动机制，提出了整体震后变形模型、鄂尔多斯西南缘断裂构造转换和运动学模型和深浅耦合关系模型，推动了强震孕育发生和成灾演化物理过程基础理论和方法体系建设。针对地质灾害开展的基础性研究，揭示了强震区、黄土地区、岩溶山区、红层地区特大滑坡灾害发育规律与失稳模式，提出了岩溶山区与红层地区特大滑坡易滑地质结构与破坏模式，阐明了特大地质灾害链的动力学致灾过程。针对气象灾害开展的基础性研究，揭示了雷暴云电荷结构以及闪电频次和时空尺度等特征的演变规律，分析了地面高大物体雷暴环境中产生并发上行闪电的物理过程、影响及其机理、机制；阐明了台风路径、强度和结构变化的动力学特征；揭示了华南城市下垫面与复杂地形对极端降水的分别和协同作用。针对水旱灾害方面开展的基础性研究，揭示了堰塞湖溃决和堤防破坏的物理机理过程、气候变化和高强度人类活动背景下大范围长历时气象—水文—农业干旱灾害成灾推演机理；研究了基于新机理的洪涝模拟技术和多尺度干旱历史序列重构技术；提出了新的城市地表水流与管网水流交互的经验公式以及典型地区全新世以来干旱序列和全国近五百年干旱灾害序列，研判了变化环境下重大干旱灾害频发的新格局。

其二，防灾减灾关键技术方面。研发了重大自然灾害监测预警关键技术，提升监测预警的准确性、时效性。针对地震灾害监测预警，开发了利用压缩感知技术预测合成数据并快速获取地震预警参数技术；研发了基于多观测手段的自组网现地地震预警技术、利用智能手机全球导航卫星系统（GNSS）及加速度计数据融合在手机端智能地震事件识别与预警方法；研究了基于运营性能的城市轨道交通地震报警阈值、基于车—地无线通信系统的列车群地震紧急处置信息发布技术。针对地质灾害监测预警，研制完成北斗变形监测装备、GNSS 数据采集终端、多源地面集成传感器、温度感测光缆装备等地质灾害监测装备 20 余套，完成了地质灾害空天地多源数据统一时空基准与数据组织关联技术和多源异构监测数据实时集成平台研制，研究成果应用于全国特大地质灾害监测预警工程，支撑了国家地质灾害监测预警网络建设。针对气象灾害监测预警，研发了循环数据同化和预报方案，其对台风强度的预报优于美国环境预报中心和欧洲中期天气预报中心；基于快速滚动更新的全球区域化预报系统（GRAPES）全球预报系统中尺度数值模式系统研制的强对流分类概率预报产品已经在气象部门试用；于深度学习的雷达回波 0—2h 外推预报模型已投入国家级业务单位试用；应用人工智能技术对天气预报模式（WRF）——雷电模式的预报结果进行订正，显著提升了雷电预报预警能力；针对未来天气气候的无缝隙预报需求，自主研发了基于非结构网格的新一代大气模式动力框架。针对水旱灾害监测预警，建立了基于多源数据融合的实时降雨预测技术以及旱情综合监测评估预警技术以及具有物理气候基础的季节尺度气象干旱混合神经网络预测模型，完成了全国和湖南、安徽两省的旱情监测评估预警综合平台的构建和基于月尺度干旱滚动预报模型的多类型干旱的多尺度预测，研究成果应用于水利部水旱灾害防御司和水文预报中心、湖南和安徽两省抗旱会商，在 2019 年长江中下游严重干旱的应对工作中发挥重要的技术支撑作用。

其三，综合防灾减灾科技创新能力方面。构建了重大自然灾害综合防范评价指标体系，建立了风险评估模型，研发了风险评估服务系统。在地震灾害方面，构建了建筑结构抗震性态及韧性能力评价指标体系，建立了基于场址地震危险性的结构易损性分析方法；研究形成了地震灾害损失预评估、分区辅助决策模板、地震灾情时空分布精细化研判、灾后信息汇聚发布与决策支持技术；构建了海域地震动预测模型、场地地震动调整方法等海域地震区划关键技术体系；新型顶管技术等研究成果在南京市江北新区综合管廊二期工程得到应用，地震损失动态评估技术在 2019 年四川长宁地震等灾害现场以及贵州、甘肃等地震应急指挥与保障中心进行了应用。针对地质灾害综合防范，攻克了基于演化过程的新型锚固结构设计关键技术，建立了滑坡—微型群桩相互作用机理与数学力学模型，提出滑坡—抗滑桩体系优化设计与稳定性评价方法，完成了基于演化机理的滑坡—防治结构体系的优化设计，研究成果应用于重大地质灾害的综合工程治理，为西部山区城镇与重大工程建设提供了技术支撑。在气象灾害方面，完成了北京、上海、广州超大城市综合观测试验，完成了北京 7 个区域、上海 3 个区域和广州 3 个区域的微波辐射计、毫米波云雷达、风廓线雷达和综合观测站点建设，初步完成了北京、上海、广州多垂直遥感观测站点建设；组织开展了华南地区季风强降水观测试验，建立了新型、综合性观测资料快速处理和分析方法，针对华南地区进行了强降水可预报性研究与对流尺度集合预报试验。在水旱灾害方面，建立了空天地一体化跨尺度山洪监测体系以及旱情无人机低空遥感监测技术指标体系，研究了诱发山洪致灾的暴雨的发生机制以及高性能反渗透膜材料与稀缺复杂水资源快速预处理材料与技术，完成了山区小流域暴雨山洪预警分析模型和山洪灾害多源异构数据融合技术的开发，研究成果应用于山洪示范区以及东雷二期抽黄灌区、河套灌区解放闸灌域。在提升区域重大自然灾害综合防范科技创新能力方面，发展了大都市灾害损失评估与灾后恢复评价技术、极端气候灾变和多重风险评价技术，研究了灾情评估多方法融合和灾害损失模拟评估模型构建、灾区恢复力与资源环境承载力综合评估等技术，研发了多灾种重大自然灾害风险指标体系和综合风险防范技术平台，提升了综合防灾减灾科技创新能力。

其四，仪器装备、产业化和应用示范方面。研制了重大自然灾害系列仪器装备，具备良好的产业化能力，并在多地进行了应用示范。在地震灾害方面，攻克了流动超导重力仪新型敏感探头和高分辨率低温温度测量与控温系统，研制了高精度地球物理传感器、超小型绝对重力仪等新型便携式地震监测原型样机。在地质灾害方面，研发了基于 22nm 工艺北斗定位芯片的使用和芯模组装备与小型化低成本毫米级的北斗三维变形监测装备，研制了各类地面地下监测装备 30 余套以及基于环境触发的低功耗传感装置，并集成覆盖地质灾害链关键节点的全过程综合监测设备，初步搭建了地质灾害链监测的远程终端单元（RTU）整体设计框架。在气象灾害方面，研发了 C 波段相控阵天气雷达、移动式 X 波段多波束快扫描双偏振天气雷达等龙卷探测雷达，初步建成高分辨率强降水预报检验评估系统，研制成功的 50 余种仪器和装备，可为我国构建新一代的空天地海立体覆盖的大震巨灾监测预警技术系统提供有力的仪器装备保障。部分成果在国家级的业务平台开展业务试运行，并在局部地区投入使用，如 C 波段相控阵天气雷达已在龙卷风高发地区江苏省高邮市安装并投入试验应用。在水旱灾害方面，攻克了堰塞体开挖掘进装备与连续转运输送装备的研发难题以及大范围长历时干旱应急供水协同调配、多主体多目标多过程大范围旱灾风险防范决策等关键技术，研究成果应用于金沙江白格堰塞湖以及 2019 年长江中下游严重干旱灾害的应对，为各级政府制定应急预案提供了技术支撑。

其五，科研基地和专业人才队伍建设方面。形成以国家重点实验室、工程技术研究中心、野外科学观测研究站、科技创新团队等为核心的科技创新平台，集聚了多个方向技术支撑工作专家组，目前已在重大自然灾害理论基础、关键技术、应用示范等方面培养了一支以国家科技创新领军人才为骨干、多学科交叉融合的人才队伍，为我国开展重大自然灾害监测和预防的持续研究，提供有力的科研设施保障和智力支撑。

第四章　新时代事故灾难类突发事件
应急管理体系

第一节　事故灾难类突发事件概述

社会发展和人类的不断进步为社会矛盾的出现带来了可能，在各种复杂的社会矛盾中，各国都不可避免地会遭受来自各方面的风险。作为徘徊于安全和危机之间的一种状态，风险如果不能及时妥善地加以处理，就极有可能导致事故灾难类突发事件。在风险社会背景下，社会现存风险与事故灾难突发事件的联系不断加深，加强事故灾难突发事件的风险管理已刻不容缓。

由于人类主观能动的大幅提升、科学技术的突飞猛进，新时期的事故灾难风险已成为威胁人类安全的主要因素。在新时期，事故灾难风险由自然、人为和技术因素等共同诱发，一旦爆发常常带有影响面广、破坏性强、损失惨重等特点，并且往往伴随着环境恶化、公共秩序失衡、社会和政治不稳定、经济衰退等现象的发生。这不但导致普通民众的惶恐不安，而且也危及了正常的社会运行，产生极大的不良影响。因此，在威胁公共安全的社会风险时刻存在的今天，政府能否有效防范和应对风险将直接影响经济的发展和社会的稳定。

政府作为公共权力的行使者、公共政策的制定者、公共事务的管理者、公共产品和服务的提供者，有权利和义务对社会风险进行行之有效的预防和管理，以最大限度地降低恶性突发事件给国家及社会带来的不良影响。这不仅是政府全面正确履行职责、树立良好形象的重要体现，也是构建社会主义和谐社会的总体要求，更是宪法和实现"中国梦"的重要内容。

迄今为止，我国事故灾难突发事件风险管理工作已取得了巨大的成就。例如，相应的法律法规不断建立和完善、风险管理体系初步建立、管理能力不断提高。但是，较之于西方发达国家，当下我国事故灾难类突发事件风险管理仍停留在初级阶段。在事故灾难方面，风险管理在我国发展迟滞，在对风险的识别、分析与评估、处理和监控，以及风险中的沟通等方面都存在着不足。加之事故灾难突发事件的常态化趋势，我国政府在风险管理上将会面临巨大的挑战。

我国在城市发展过程中，在新的机遇下，城市经济高速发展，对于各种人才以及劳动力的需求不断增加，吸纳了大量外来人员，越来越多的人前往城市，寻求更好的个人发展机遇和生活条件。我国的城市化在取得令人瞩目的发展成果的同时，也会出现许多新的隐患和危机，人口流动性过大，导致了一些城市问题的频发，在一定程度上影响着经济社会系统的正常运行。尤其近年来，爆炸、火灾、交通运输事故、坍塌等事故灾难在各城市时有发生，所造成的影响并不仅止于人员伤亡、经济损失，还会导致所在城市居民生活节奏被打乱，引发当地居民焦虑情绪，甚至可能造成社会动荡等问题。

城市化进程导致城市问题频发，而城市突发事件由于场域的开放性和传播的裂变性，势必会造成极大的社会性影响，造成多元社会情绪的蔓延。所以，当事故灾难突发事件发生后，会在很短时间内迅速引发全社会的广泛关注，成为当下全社会话题讨论的焦点，并且通常都会伴随着一些影响社会稳定的因素出现，新的矛盾的产生激化甚至会引发恶劣的社会影响，威胁社会的稳定。

根据 2007 年 11 月 1 日起施行的《中华人民共和国突发事件应对法》的界定，突发事件是指突然发生，造成或可能造成严重社会危害，需要采取应急处置措施以应对的自然灾害、事故灾难、公共卫生事件和社会安全事件。事故灾难是指直接由人类生产与生活活动所引发的、违背人们意愿的并造成生产和生活活动暂时停止、大量人员伤亡、巨大经济损失或环境污染的、具有破坏性后果的意外事件。事故灾难类突发事件通常包括由于交通运输等过程中发生的事故、生产过程中的各类安全事故、自然或者人为火灾造成的事故、由于人员失控造成的安全事故等。

一般意义上的城市突发事件主要是指发生在城市中的上述突发性事件，从内容上来讲仅是对城市突发事件的发生区域做了一定的限定，与其他城市突发事件并没有实质上的区别。它结合两者的特点，具有更大的威胁性，更明显的社会性，更大的风险性，更多的复杂性等。

事故灾难类城市突发事件一般情况下都是在毫无征兆或者无明显征兆、人们没有任何准备的情况下突发爆发的，事件的发生具有很强的随机性和不确定性，事件发生前的征兆不明显，不易被提前察觉，事件发生的时间、地点都是无法提前预知的。当事故发生后，在短时间内事故后果的严重程度也有一定的不确定性，以至于有时候事故决策者会存在误判情况。加之事故灾难类城市突发事件的发生与发展都充满了不确定性，事件始终处于急速变化之中，都会给事故灾难突发事件发展情况的预估和判断带来困难，导致事态后果严重超过预期。

此类突发事件会直接或间接造成人员伤亡、财产损失等严重后果，扰乱了事故发生地居民的正常生活秩序，给公众造成心理压力，一些事故灾难类城市突发事件还会对事故发生地的环境造成污染，因此事故灾难类城市突发事件具有危害性，很可能会造成社会的动荡。事故灾难类城市突发事件发生后，在事态的演变过程中，如果受到了外部因素的干扰或者是相关因素的刺激，很可能就会造成事态的立即升级，甚至还会超出可控制的范围，造成很严重的社会影响。因此，也要求人们必须在极短的时间内做出分析、判断。

此外，事故灾难类城市突发事件是发生在人们生活集会的场所，不仅会得到最容易受到伤害的事发城市民众的关注，同样也会成为事发城市外群众关注的焦点，对于整个社会而言，这种影响是巨大的。因此，事故灾难类城市突发事件极具社会性特征。在大多数情况下，此类事件是由于人们的活动所导致的不安全状态所引起的，比如操作失误、技术失误、人为失误、故意破坏等人为因素以及周边环境变化等外部因素。很多时候，一起事故的发生，还经常引发其他的事故，引起连锁反应。所以，公众对此类事件的关注度极高，一旦发生，势必会造成极大的社会性影响。事故灾难类城市突发事件发生后，会立刻成为全社会关注的焦点。

第二节　我国事故灾难特点及影响

事故灾难类突发事件通常指由人类生活、生产活动直接诱发，对生态环境、基础设施和公民生命财产安全等造成巨大损害，或造成严重经济损失和政治动荡突发性紧急事件。具体包括：工矿企业和建筑工地等生产安全事故、重大交通与运输事故、环境污染和生态破坏事故、城市生命线系统事故、通信类安全事故、核辐射事故。其本质特点皆因人类漠视规则的行为导致。近年来随着高速工业化、城市化、全球化的发展，人类生活的外部环境与条件已经大大改变，城市产业集聚，各种居民住宅及公共服务设施、超大规模城市综合体、人员密集场所、高层建筑、地下空间、地下管网等大量建设，城市内涝、火灾、交通事故、拥挤踩踏、燃气泄漏爆炸、意外事故等安全风险突出。在安全生产领域，一些深层次矛盾和问题还没有根本解决，安全生产形势仍处于脆弱期、爬坡期、过坎期，建筑、化工、交通等行业安全风险突出。

风险社会下的事故灾难类突发事件因其自身特性普遍具有如下共同特征：一是突发性和紧迫性。事故灾难类突发事件的发生一般情况下是没有征兆的，人们很难在事故发生前做出预测和准备。如天津大爆炸的发生仅在 30 秒内就产生重大人员伤亡，并对附近建筑造成巨大损害。因此，此类突发事件的发生人们大多没有准备，也不能迅速制定出行之有效的应急方案；突发事件爆发后可能会对公众及社会在精神和物质方面带来极大的负面影响，具有一定程度的紧迫性。突发事件毫无征兆地突然发生，扰乱了社会的正常秩序，也打断了原有的发展步伐，其突发性和紧迫性可见一斑。二是严重的破坏性。事故灾难类突发事件的发生往往是各种不利因素、不确定性、潜在威胁质变的结果，在给公众带来心理恐慌的同时，也严重影响国家与社会正常运转，使公众的生命财产安全遭受着巨大的威胁和损失。事故灾难类突发事件在经历产生、发展、升级这一系列过程，必将对社会基本价值和行为准则造成严重破坏，也对政府信誉及形象带来了极大考验。三是高度的不确定性。我们所处的世界是变幻莫测的，而人类理性认知的有限性和信息不及时、失真现象时有发生，使事故灾难类突发事件无法被正确估量，不确定性因此产生。密利根杰（Milliken F.J.）认为，不确定性体现在状态、反应和影响三个方面。事故灾难类突发事件发生前和发生时的诱因是未知的，加之难以确定其是否会带来连锁效应，因此突发事件具有高度的不确定性。四是责任主体的非单一性。我国事故灾难类突发事件虽然种类多样，但主要是以生产安全、交通运输、环境污染事故为主。事故灾难类突发事件通常由企业管理不善和政府监管不到位共同导致，企业和政府对此类突发事件的发生共同负有责任，因此责任主体具有非单一性的特征。

事故灾难类突发事件应急管理包括识别和分析与工作相关的安全和健康的危险源；评估危险源导致的各种风险尤其是对周围环境的影响；提出控制和减少风险的措施；将所有评估风险通知到所有可能受影响的人群等。相对于其他类突发事件，它有自己的特殊性：一是应急管理责任主体具有特殊性。事故灾难类突发事件风险管理涉及企业和政府两大责任主体，这有别于其他种类尤其是自然灾害突发事件应急管理。由于危险源往往存在于企业生产、经营和使用过程中，故而风险管理责任主体在企业，监管责任主体在政府。二是风险源（危险源）排查工作性质特殊。自然灾害的危险源被称为致灾因子，危险源较容易确定，比如暴雨、台风、地震等，较为复杂的情况则是几种风险源叠加或交替出现，如 2011 年日本发生的地震、海啸和核泄漏事件。这些致灾因子往往被称为天灾，很难避免。而事故灾难的危险源一般存在于企业的生产、使用、经营过程中，被叫作人祸，比如烟花爆竹爆炸、危化品爆炸等，可以避免或者减轻。另外，因为危险源种类众多、繁杂且不易识别，所以我国各级安全监督管理部门把事故灾难类风险源排查的监督管理作为首要工作，可看出危险源排查本身就是风险管理的重点。三是风险管理重点在于危险源对周边环境的影响评估。事故灾难风险管理的重点不仅是危险源排查，更在于危险源对周边环境的影响评估。例如某化工厂一旦发生危化品爆炸，会对周边人口、空气、环境、住宅等产生各种影响。危险源对环境的影响评估意义重大，是事故灾难类突发事件风险管理的重点。

生态环境部于 2020 年 7 月 28 日指出，2020 年上半年，全国共发生突发环境事件 107 起，与 2019 年同期相比下降 22.5%。其中，生产安全事故引发 50 起，交通运输事故引发 42 起，违法排污引发 4 起，自然灾害引发 4 起，其他原因引发 7 起。从事件原因上看，生产安全事故、交通运输事故仍是引发次生突发环境事件的主要原因，两者合计超 85%。在各级生态环境部门共同努力下，妥善处置了包括鹿鸣矿业有限公司尾矿库泄漏事故在内的一批突发环境事件，环境安全得到有效保障。据 2018 年全国安全生产工作会议通报，2017 年全国共发生各类生产安全事故 52900 余起、死亡 37800 余人，共发生重特大事故 25 起、死亡 342 人。特别是近年来大中型城市中人口密集区域重特大生产安全事故时有发生，造成的人员伤亡重大、城市破坏性强、经济损失惨重。在道路交通安全方面，由于机动车数量、驾驶员人数、道路里程等快速增长，交通违法行为及各种事故隐患增多，道路交通事故起数和死亡人数常年居各类事故的第一位。我国交通安全基础仍很脆弱，隐患依然量大面广，长大下坡、临水临崖等"危险道路"，以及逾期未检验、未报废的"带病车辆"大量存在。社会公众交通安全意识仍有欠缺，"三超一疲劳"、酒驾醉驾等严重交通违法现象多发易发。

第三节　构建我国重大安全事故应急管理体系

我国安全生产应急管理工作目前已取得较大的进步和成效，在公共安全管理领域已建立起一套中国特色的管理体制机制，包括四大核心技术风险评估与预防、风险监测与预警、应急处置与救援及综合保障，其总体水平已处于国际先进行列，特别是"十三五"以来，全国安全生产应急管理工作取得了良好开局，总体应急救援能力明显增强、应急处置工作明显强化、事故应急救援效果明显提高。主要体现在以下六个方面：一是安全生产应急救援体系建设取得了重要进展。国家矿山应急救援队建设取得了阶段性成果，地方骨干专业应急救援队建设步伐明显加快，相关行业和中央企业应急救援体系不断完善，中央国有资本经营预算重点支持的重点行业（领域）中央企业应急救援能力建设项目顺利推进，其他行业（领域）的安全生产应急救援体系建设进一步加强。二是安全生产应急管理法制体制机制进一步完善。应急法规制度建设得到了加强，应急管理体系得到了进一步健全，应急工作机制日益完善。三是安全生产应急救援技术和装备水平明显提高。投入力度普遍加大，应急救援队伍装备建设得到了加强，一批应急救援新技术、新装备得到了推广和应用，大口径救生钻机、深井潜水电泵等先进救援设备国内一些单位已研发并出成果。四是安全生产应急救援保障工作得到进一步强化。应急平台体系建设继续加快推进，应急资源数据库建设得到了加强，应急物资储备工作明显强化，应急财税政策支持力度不断加大。五是安全生产应急管理基层基础工作进一步夯实。应急预案体系得到进一步健全，应急演练活动进一步广泛开展，应急值守和宣教培训等工作有了新的进步，预防性安全检查工作不断深化。六是安全生产应急处置能力和救援效果明显提高，通过及时、有力、有效救援，遏制多起重特大事故的发生。

但现阶段的安全生产管理体系在建设过程中也存在一些不足。一方面，安全生产的应急预案存在不规范的现象。现阶段各级部门都建立了相应的事故应急处理机构，相关的生产企业也建立了应急预案体系。尽管各生产单位与企业都建立了相应的安全生产管理体系，但因缺乏专业性的指导，进而使安全生产应急体系存在一系列问题，如不符合相关规定的标准与要求，应急程序过于烦琐难以操作，体系中的安全要素不全，一些衔接的部位存在漏洞等。此外，还有一部分生产组织、机构以及企业仍没有构建相应的生产安全事故管理体系，事故管理体系缺少预演，无法获得相应的检验，因此不能及时地发现其中存在的不足与漏洞，进而无法对管理体系与预案进行及时改进与调整，为安全生产管理体系稳定地操作与运行造成影响。另一方面，基层组织缺乏统一的安全生产应急管理架构。由于一些生产组织、机构以及企业没有对应急组织的权责进行明确的划分，导致应急组织的权力与职责不明确，面对突发事件时只起到简单的传达作用，其在突发事件以及其他安全生产管理方面的职能与作用并没有及时、顺利地开展，使得应急预案的及时性无法得到更为充分的发挥。

我国是世界化工大国，涉及危化品的港口、码头、仓库、堆场和危化品运输车、运输船等大量存在，安全风险不断增加。黎巴嫩贝鲁特重大爆炸事件，再次给我们敲响了警钟。各地区、各部门和单位要深刻认识到重特大事故和各类爆炸事故严重冲击人民群众安全感，深刻认识到新时代人民群众对美好生活的向往、对安全感的期待日益增长，必须始终把生命至上、安全第一贯穿到一切工作中和安全生产全过程，正确处理好疫情防控、复工复产与安全生产工作的关系，严格落实地方属地管理责任、部门

"三个必须"监管责任和企业主体责任，紧紧扭住遏制重特大事故这个"牛鼻子"，有效防范化解重大安全风险，牢牢守住安全底线。

要以港口、码头、物流仓库、化工园区等为重点，定期开展全国危化品储存安全专项检查整治。应急管理部门要督促有关生产、经营企业落实储存环节降温、通风、远离火种等措施，严禁超量、超品种储存和相互禁忌物质混放混存，确保有关冷却喷淋、监测报警、消防系统等装置设施完好有效。交通运输部门和各级海关要组织对所有涉及危化品的港口、仓库、堆场、码头进行排查，依法处罚安全条件不合格、超量储存、违规混存等行为，并责令限期整改到位。工信、公安和市场监管等部门要按照职责分工，组织查处非法生产、储存、使用硝酸铵等民用爆炸物品行为，落实销售、购买许可审批和流向信息登记制度。生态环境部门要深入开展危险废物安全排查，切实落实安全防范措施。各地区要对所有硝酸铵等爆炸危险性物品的储存场所开展定量风险评估，组织有经验的行家专家深入一线指导服务、明察暗访，真正深入查具体查。要坚持从源头抓起，严格落实危化品生产、储存项目的联合审批和从严把关要求，科学合理布局危化品生产、储存企业。每一起事故教训都是用生命和鲜血换来的，但一些重特大事故调查报告提出的整改措施往往"束之高阁"，要深入开展重特大事故整改措施落实情况"回头看"，在抓落实上狠下功夫。要对照事故调查报告提出的整改措施，逐条评估落实情况，决不能大而化之、轻轻放过。要向上级安委会报告并公开发布评估结果，接受社会监督，接受实践检验，切实对安全生产负责、对人民生命安全负责。要强化问效问责，对整改措施不落实、重大问题悬而不决、重大风险隐患拖延不改的，移交纪检监察机关追究责任。要通过评估，既注重解决事故调查报告提出的具体问题，更要推动解决长期存在的"老大难"问题，切实做到全国受警示、全国抓整改。

每年 8 月是重特大事故发生相对集中的月份，要结合全国安全生产专项整治三年行动，举一反三加强煤矿、非煤矿山、消防、道路交通、建筑施工等重点行业领域安全防范工作，把当前最突出问题、最薄弱环节、最大的风险隐患提到前面、急事急办。要健全完善风险隐患研判分析、逐级报告、整改落实等制度，特别是把重大风险隐患当成事故来对待，切实查大风险、除大隐患、防大事故。

为从源头消除各类安全隐患，最大限度地减少或避免生产安全事故的发生，稳步推进生产安全事故应急体系的全面建设，就需要通过安全应急体系的建设，打破原有的思维，积极搜寻生产安全事故应急管理的有效途径，创新管理的理念、手段与方法，全面提高安全生产的组织协调能力、风险管控能力以及科学管理的能力，夯实安全生产的基础，建立并完善安全监管与应急的长效机制。

第五章 新时代公共卫生类突发事件 应急管理体系

第一节 公共卫生类突发事件概述

重大传染病疫情、重大食物和职业中毒等突然发生，可能或已经严重影响公众健康的事件统称突发公共卫生事件。突发公共卫生事件具有严重的社会经济危害性。在目前人口流动速度不断加快、生态环境不断恶化的情况下，突发公共卫生事件时有发生，给相关国家造成了一定的损失。及时有效处理各类突发公共卫生事件，是维护国家和社会稳定、保障人民生命安全的重要手段。

在传染病类突发公共卫生事件中，由于传染病具有很强的传染性，且随着经济和政治的全球化、交通的日益便利，人员流动速度和商品贸易数量不断增加，不仅加大了突发事件在区域之间的关联度，而且加剧了传染病的快速传播。2003 年的非典型肺炎（SARS）、2009 年的 H1N1 流感、2014 年的埃博拉以及 2020 年的新型冠状病毒感染等重大传染病疫情暴发后，经济最先受到冲击的就是旅游业、餐饮业、零售业及交通运输业。重大传染病一旦暴发，会威胁经济贸易的发展和人类的生命安全，其影响的范围和严重性一般远高于其他类型的突发公共卫生事件，因此世界各国一直都在关注传染病的防治问题，我国在应对传染病方面也付出了巨大的努力。新中国成立以前，鼠疫、天花、霍乱、血吸虫病等在我国反复暴发，新中国成立后随着法律法规不断制定和完善，坚持扩大对公共卫生事业的投入，取得了显著成就，不仅消灭了霍乱、天花，战胜了非典型肺炎等突发传染病，流行传染病的结构也发生了变化，过去流行的传染病发病率不断下降。

重大传染病疫情发生时，一个国家拥有一套完善的能够有效管理突发公共卫生事件的应急防控体系是非常重要的。而相对于非典型肺炎疫情等其他突发公共卫生事件，新冠病毒是近年来我国乃至全球感染人数最多、波及范围最广、对经济影响最大的突发重大传染病，在众多突发公共卫生事件中比较具有代表性。而且，对新冠疫情的应对尽管体现了我国自2003年非典型肺炎疫情之后应急防控体系极大的完善和进步，但同时也暴露了我国应急防控体系中依然存在的问题和不足。研究显示，在全球化时代，每个国家都卷入越来越多、越来越深的国际交流中，现代交通工具的普遍使用，加快了人、植物、动物和货物的跨境流动，也加快了病原微生物的移动以及化学和放射性污染的扩散等，并且可能演变为新型流行疾病的广泛传播，甚至演化为全局性、国际性危机。进入21世纪以来，区域性、全球性突发重大公共事件层出不穷，很多通过人员流动造成跨境蔓延并造成巨大灾害和损失。本次新冠病毒全球蔓延对世界造成了最近20年不遇的不确定性、恐慌及信心缺失。哈佛大学教授约瑟夫·奈称，人类最早的全球化就是"环境尺度下的瘟疫全球化"。起于青萍之末的某种不起眼的传染性病毒，会随着人口流动，最终在某处政治、经济、文化中心暴发。

公共卫生安全是人类面临的共同挑战，新冠疫情是一次传播速度快、感染范围广、防控难度大的重大突发公共卫生事件。习近平总书记2020年2月23日在统筹推进新冠肺炎疫情防控和经济社会发展工作部署会议上的讲话中，先后6次提到"社区"，强调"社区是疫情联防联控、群防群控的关键防线，要推动防控资源和力量下沉，把社区这道防线守严守牢"，"要紧紧扭住城乡社区防控和患者救治两个关键"，"大幅度充实基层特别是社区力量，加大流行病学调查力度，织密织牢社区防控网，实行严格的网格化管理"。[1] 作为人口大国，我国的社会治理更为复杂和艰难，因此一定要构建一个政府、社会、市场相互分工协作、有序有效运行的社会治理生态系统。本次疫情防控工作体现了在重大疫情和灾难面前，做好基层社会治理的极端重要性，也让我们更加清醒地理解党的十九届四中全会提出"构建基层社会治理新格局"的重要价值和意义。《中共中央关于坚持和完善中国特色社会主义制度 推进国家治理体系和治理能力现代化若干重大问题的决定》指出，健全基层党组织领导的基层群众自治机制，在城乡社区治理、基层公共事务和公益事业中广泛实行群众自我管理、自我服务、自我教育、自我监督，拓宽人民群众反映意见和建议的渠道，着力推进基层直接民主制度化、规范化、程序化。[2] 本次疫情防控更凸显了基层自治组织和自治体系在应对重大突发公共卫生事件中的作用和能力。应该说，在疫情灾难面前，有些自治组织和自治体系中的花拳绣腿、人浮于事和形式主义都付出了沉重代价，那些真正长期扎实、务实、精准、精

---

[1] 习近平：《在统筹推进新冠肺炎疫情防控和经济社会发展工作部署会议上的讲话》，人民出版社2020年版，第26、11页。

[2] 《中共中央关于坚持和完善中国特色社会主义制度 推进国家治理体系和治理能力现代化若干重大问题的决定》，新华社北京2019年11月5日电。

细的基层社区组织则在疫情防控中彰显了极大效能。因此，应对重大突发公共卫生事件，更加迫切需要加强城乡社区基层群众自治体系和能力建设。

第二节 我国公共卫生类突发事件特点及影响

从公共卫生领域来看，鼠疫、霍乱等法定报告传染病、突发急性传染病、境外输入传染病以及生物技术误用滥用缪用的风险不断增大，食品药品安全基础依然薄弱，公共安全事件防控难度增大。全球已经发现的病毒（病原体）有5950多种，还有32万种哺乳动物病毒需要人们去发现。公共卫生突发事件的潜在可能性较高。从自然因素、社会因素两个方面看，当前传染病流行的危险仍然较大，此次新型冠状病毒感染疫情快速蔓延并造成严重后果就是明证。从自然条件看，全球气候变暖，生态系统失衡，微生物进化都为传染病流行提供了可能的条件。从社会条件看，随着全球化的深入发展，人们的社会范围不断拓展，人口跨境跨国流动加快，这些也为输入性传染病的流行提供了条件。当前及未来较长一段时间，应对突发公共卫生事件的任务将更加繁重、艰巨。

公共卫生应急管理与人民群众生命安全息息相关，特别是新冠疫情暴露出中国公共卫生应急管理存在不足和短板，值得引起高度警惕与深刻反思。针对这次疫情，我们认为，要研究和加强疫情防控工作，从体制机制上创新和完善重大疫情防控举措，健全国家公共卫生应急管理体系，提高应对突发重大公共卫生事件的能力水平。此次新冠疫情不仅来势汹汹，而且更以其特殊的复杂性和不确定性严峻地挑战着人类现有的医学认知和防控经验。防控疫情、战胜疫情是一场全国动员、全民参战、全力求胜的大战。能否取得疫情防控斗争的全面胜利，是对我国国家治理体系和治理能力的一次大考。针对这次疫情我国作出人民战争、总体战、阻击战的战略部署，既表明了这场斗争的严峻形势，更体现了以习近平同志为核心的党中央对坚决战胜疫情的坚强决心和科学决策。

这次疫情阻击战的特点表现在以下几个方面。其一，抗击疫情的艰巨性。新型冠状病毒潜伏期较长，一些感染者在感染初期症状不明显，可谓"看不见的敌人"，阻断病毒传播途径可谓"看不见的战线"；新型冠状病毒具有传染性，可聚集性扩散，防控疫情可谓"无边界战场"；目前对于治愈新冠病毒感染仍没有特效药。这些因素决定了每个人都是疫情防控的参与者和战斗者，无论是在前线奋战还是在后方保障，都要坚守岗位、尽职尽责。居家的群众也要积极配合相关防控措施，凝心聚力共同构筑起疫情防控的人民防线，打好一场人民战争。这些因素也决定了疫情防控不是单靠卫生健康部门、疾病防控机构和医务工作者就能完成的，从中央到地方、从武汉到全国、从党政机关到社区乡村，都要全面动员、全面部署，组织一场总体战。这些因素还决定了疫情防控在全力救治患者的同时，要采取切实有效措施，坚决遏制疫情蔓延势头，展开一场阻击战。

其二，抗击疫情的复杂性。这次疫情防控处于疫情传播与春节春运的重合期，感染人群与未感染人群接触机会多，切断传染源、控制疫情波及范围的工作难度大；既要对新冠病毒感染患者早发现、早报告、早隔离、早治疗，又要科学论证病毒来源，尽快查明传染源和传播途径，加快相关试剂、疫苗、药品研发，同时做好防控和科研各项工作；新型冠状病毒感染和疑似病例在地域上相对集中，医疗设施、医护人员、物资供求矛盾较为突出，不仅要应收尽收、应治尽治，而且救治要同时间赛跑、与病魔较量，需要付出更为艰苦的努力；全力以赴抗击疫情的同时，又要把疫情对经济社会发展的影响降到最低，努力实现今年经济社会发展目标任务。形势复杂、时间紧迫、任务繁重，只有打响一场疫情防控的人民战争总体战、阻击战，依靠人民的智慧和力量，全面统筹布局、层层压实责任，坚定信心、同舟共济、科学防治、精准施策，我们才能战胜疫情。

其三，抗击疫情的总体性。疫情防控不只是医药卫生问题，而是全方位的工作，各项工作都要为打赢疫情防控阻击战提供支持。疫情防控的全方位性要求我们把握打赢制胜的全域性，努力提高收治率和治愈率，降低感染率和病亡率，化解公共卫生安全重大风险，统筹做好疫情防控和经济社会发展，等等。这次疫情防控是大战，也是大考。应对大考，赢得大战，各级党委、政府和各级领导干部都要扛起责任、经受考验既有责任担当之勇又有科学防控之智，既有统筹兼顾之谋又有组织实施之能。新冠疫情发生以来，党中央对疫情形势研判准确，各项工作部署及时，采取举措有效，打赢制胜的战略方案不断优化。人民战争、总体战、阻击战综合运用、系统发力，一定能打赢这场具有全局性影响的硬仗。

第三节　构建我国公共卫生突发事件应急管理体系

我国突发公共卫生事件应急管理法律体系顶层设计上包含 5 部法律。其中，《基本医疗卫生与健康促进法》作为我国医疗卫生和健康领域的母法，为各细分领域提供法律基础与原则框架，该法首次以法律形式明确了国家建立基本医疗卫生制度，保护和实现公民获得基本医疗卫生服务的权利，规定国家建立健全突发事件卫生应急体系、传染病防控制度。《突发事件应对法》是我国第一部应对各类突发公共事件的综合性法律规范，被视为突发事件的基本法。该法将突发事件分为自然灾害、事故灾难、公共卫生事件和社会安全事件四类，并且按照社会危害程度、影响范围等因素，将自然灾害、事故灾难、公共卫生事件分为特别重大、重大、较大和一般四级（此次新冠疫情属于公共卫生事件中的特别重大级别）。在前述基础上，我国还有 3 部专门针对突发疫病应急的单行法律，即《传染病防治法》《国境卫生检疫法》《动物防疫法》。在部门工作文件层面，主要为原卫生部和国家卫生与计划生育委员会颁布的相关工作规范。需要说明的是，在中央一级的突发公共卫生事件应急管理法律体系之下，各地结合实际情况均颁布了数量不等的相关管理办法与实施细则，作为落实法律法规的主要执行依据。

在中国特色社会主义法治的大背景下，整个应急管理组织体系实质上只能由中央从宏观层面统一领导，并通过成立中央应对疫情工作领导小组这一临时性最高决策指挥机构的方式予以落实，该领导小组将分别从党、政、军三线对疫情防控进行全面部署。具体而言，在党中央领导下，国务院、中央军委将分别由卫健委、军委后勤保障部牵头成立政府、军队层面的协调平台，实行多部门间疫情联防联控工作机制。在此期间，不同协调平台、部门间将会分工协作，处理疫情防控、医疗救治、科研攻关、新闻宣传、外事联络、后勤保障等具体工作。从管理体系来看，我国对于突发公共卫生事件应急管理属于垂直管理体系，分为"中央—省—市—县"四级，同时省级及以下行政主管部门实行同级人民政府与上一级主管部门双重领导。当前中国公共卫生应急管理体系已滞后于城市发展的新形势。中国公共卫生应急管理体系的全面建设起始于 2003 年 SARS 之后，虽然已有十几年历程，但在此期间中国城镇化率由 2003 年的 40.5%上升为 2019

年的 60.6%，城市规模、城市形态与城市体系已发生变化。客观而言，中国当前公共卫生应急管理体系已经不能很好适应城市发展的新要求。

首先，城市规模的扩大要求更加专业化的公共卫生应急管理体系。随着人口城镇化率的不断提高，中国城市规模正日趋向大型化方向发展，已经出现了一批特大城市与超大城市。2019 年中国城区常住人口超过 500 万的特大城市与超大城市有上海、北京等 14 个城市。大城市发展过程中空间扩张带来的土地景观的改变，增大了人类与未知疾病的接触概率（哈塞莱特等，Hassellet et al.，2017）；较高的人口密度也增加了人与人之间的接触机会，使得发生动物传人、人传人等疾病的未知公共卫生安全风险增加。中国目前公共卫生应急管理体系在处置城市突发公共卫生事件时存在以下局限性。

其一，地方公共卫生应急管理决策部门的专业能力不足。城市突发公共卫生事件的复杂性与未知性使得突发公共卫生事件的处置需要高度专业化知识。在中国现行公共卫生应急管理体系下，地方政府对属地突发公共卫生事件的初始阶段具有决策权，但地方政府领导往往不具备决策所需的专业知识。同时，地方政府下属的卫生健康委员会主要领导也不完全按照专业背景任命；地方卫生健康委员会直属的疾病预防控制中心虽然具备专业知识，但只是事业单位，不具有行政权限，仅属于决策支持部门，且本身受属地卫生行政部门管辖，其专业判断的独立性很容易受到地方政府行政权力的影响。

其二，地方卫生部门实施公共卫生应急管理的资源不足。首先，由于中国公共卫生资源过度集中在大城市，下沉度不足，导致大部分基层地方卫生部门缺乏应对突发公共卫生事件的人力和物力，只能被动等待上级部门调拨。其次，地方卫生部门缺乏调动属地相关资源实施应急管理的权限。在突发公共卫生事件初期，迅速的检测与诊断对及时作出正确决策非常关键。但目前地方具备资质的医疗机构、科研机构等并没有被纳入到全国统一的检测网络中。以传染病检测为例，根据《中华人民共和国传染病防治法》，只有省级政府与国家层面的疾病预防控制中心才有检测权限。当发生未知性疾病时，基层卫生部门只能逐级上报，被动等待上级部门决策，降低了反应速度。因此，目前中国疾病预防控制体系对新发性传染病的监测能力不足（冯等，Feng et al.，2011）。

其次，城市网络的发展要求响应更加迅速的公共卫生应急管理体系。随着城市间高铁、高速公路与航空网络的不断完善，中国城市间人员流动更加频繁，城市体系正呈现出网络化发展趋势（王海波等，2019）。此时，城市间突发公共卫生事件的扩散性更强，每个城市面临的外部输入性公共卫生安全风险也更高，这需要城市公共卫生应急管理体系在突发公共卫生事件的预防、管控与救治环节有更快的响应速度，但中国现有公共卫生应急管理体系存在以下问题。

其一，预防环节公共卫生信息监测系统的冗余度不足。首先，中国已有的"纵向到底、横向到边"的疾病预防控制信息系统尽管在技术上可以实现突发公共卫生事件的"网络直报"，但在属地垂直管理体制下，一线基层医疗机构的上报权限受限，其发现的病例需要经过上级卫生部门核准后才能正式上报，当面对未知性风险时，一旦上级部门决策迟缓，就会导致该系统不能及时发出预警。其次，公共卫生信息监测系统过度依赖政府内部单线的信息来源，与外部信息源交流不足。一旦政府自身监测机制失灵或者滞后，上级部门往往难以及时掌握真实情况。在大数据时代，除医疗机构外，学校、企业以及居民的舆情信息实际上都可以作为政府公共卫生监测系统的重要外部信息来源。

　　其二，管控与救治环节过度依赖政府主导的运动式治理模式。在突发公共卫生事件的社会动员上，中国主要依靠政府自上而下推动的运动式治理模式，该模式的优点在于短期内可以迅速集中大量资源投入到突发公共卫生事件的管控与防治中去，但其缺陷也是很明显的。首先，受地方政府官员个人能力影响很大，缺乏长效机制。地方政府官员能否在短期内作出正确决策非常关键，这对官员个人素质的要求较高。其次，受基层执行能力的约束。当突发公共卫生事件规模超出基层政府工作人员的最大应对能力时，会导致相关措施难以真正落实；同时，其他社会主体动员力度的不足也使得政府陷入信息不对称状态，难以在突发公共卫生事件管控与救治过程中实现供给与需求的精准匹配。

　　最后，城市群的形成对公共卫生应急管理体系的跨区域协同性提出更高要求。中国目前已经形成了以城市群为中间环节的城市体系（周晓波和倪鹏飞，2018）。城市群的发展使得经济活动已经打破行政区划限制，其内部人口流动特征是城市间双向流动频繁，城市群内任一城市突发公共卫生事件的影响都会迅速扩散到城市群内所有城市。此时，每个城市所面临的潜在公共卫生风险水平高低取决于城市群内公共卫生应急管理水平最低的城市，即"木桶效应"。中国现有公共卫生应急管理体系在城市群层面存在以下问题。

　　其一，城市群内不同城市在公共卫生应急体系建设中存在"囚徒困境"。由于城市群内城市间人口流动频繁，每个城市都可以从其他城市的公共卫生应急管理体系建设中获取正外部性，导致"搭便车"问题。特别是在当前地方政府更加注重经济增长的发展模式下，每个城市更倾向于选择减少公共卫生应急管理体系建设投入，从而陷入"囚徒困境"状态。产生该问题的根源在于当前公共卫生应急管理体系建设仍是按照行政区划的属地负责制，缺乏跨区域的资源调配机制，城市间博弈的最终结果导致城市群内公共卫生应急管理服务整体供给不足。

其二，城市群内不同城市在公共卫生应急体系建设中的成本与收益不匹配。由于城市公共卫生安全风险会随着城市规模扩大而增加，人口更多的大城市对公共卫生安全需求更大，其公共卫生应急管理体系建设所需的投入强度相对于人口规模较少的小城市也更高。由于"木桶效应"的存在，为了使城市群内不同城市达到相同的公共卫生应急管理水平，不同规模城市都需要按照大城市投入强度来建立公共卫生应急管理体系，但这意味着大城市将一部分成本转嫁给了小城市。目前中国城市公共卫生应急管理体系建设缺少跨区域的利益补偿机制，这已经不适应城市群层面的公共卫生应急管理体系建设。

其三，城市群内不同城市在公共卫生应急管理中的经济利益诉求不同。城市群内不同城市往往形成了比较紧密的产业链分工，为了降低突发公共卫生事件的社会总经济损失，城市群内不同城市在公共卫生应急管理上必须做好政策协同。在应急管理中要优先保障产业链中关键行业生产以及城市群内关键交通节点的畅通，这需要城市群内所有城市提前共同编制跨区域的应急预案，在公共卫生应急管理和处置中保持信息沟通和共享，避免采取"一刀切"政策，而中国现有基于行政区划条块分割的公共卫生应急管理体系已难以适应这一要求。

第六章 新时代社会安全类突发事件
应急管理体系

第一节 社会安全类突发事件概述

社会安全类突发事件又称社会安全突发事件或突发社会安全事件，是指在社会安全领域突然发生的，因人为因素造成的，人身、财产安全遭到威胁，社会秩序受到破坏，需要采取应急处置措施的危机事件。在国务院发布的《国家突发公共事件总体应急预案》中，根据突发事件的演变历程、本质和原理，将突发事件分成自然灾害、事故灾难、公共卫生事件、社会安全事件四大类别，而且每一类突发事件按照其波及的范畴和影响的程度等因素标准，又被划分为特别重大突发事件、重大突发事件、较大突发事件、一般突发事件四个级别。其中，此官方文件将社会安全类突发事件主要概括为恐怖袭击事件、经济安全事件、涉外突发事件等。除此之外，我国学者薛澜、钟开斌在《突发公共事件分类、分级与分期》一文中基于突发事件产生原因、表现形式、应对措施三方面的考虑，又将社会安全类突发事件进行了详细划分，认为社会安全类突发事件除上述以外还应包括重大刑事案件和规模较大的群体性突发事件。

我国还有一些学者从社会安全类突发事件概念的内涵和外延角度进行研究分析，认为社会安全类突发事件也应包括重特大火灾事件、学校安全事件、民族宗教事件以及其他社会影响严重的突发性社会安全事件等。由于我国经济的高速增长，各种各样的社会矛盾也逐一凸显，这不可避免地会发生不同程度的社会安全类突发事件，给社会的长治久安和国家的安定团结带来严重威胁，并随着网络舆论的发酵，社会安全类突发事件直接成为人们关注和讨论的热点。

在社会不断前进和发展的过程中，各种社会问题和矛盾都有可能引起社会安全类突发事件，由于该事件具有复杂性、人为性、突发性、不确定性、扩散性、破坏性等特征，会使其在短时间内影响公众的生命财产安全，破坏社会秩序。社会安全类突发事件与政府信息公开之间存在着密切的联系，政府信息不公开会造成谣言"满天飞"，引起二度恐慌，很有可能引发新的社会安全类事件。而政府信息公开，则使得该事件中的谣言不攻自破。政府公开信息的时效性和途径与社会安全类突发事件也存在着密切联系，若政府信息不能及时、有效地通过官方渠道公开，且公众不能找到正规渠道发表自己的建议、意见、满足自己的诉求，将会引起群体性上访、告状等社会安全类事件。政府对相关信息采取封锁或者隐瞒的方式，必然会错过解决问题的最佳时机，使公众对政府的办事能力产生怀疑，影响政府公信力的建设。政府公开信息在社会安全类突发事件中起着至关重要的作用，由于互联网十分发达，网民人数众多，人们获取信息的方式和渠道也是多种多样的，政府及时公开突发事件的事前、事中、事后的相关信息，不但可以提高政府办事效率还可以提升政府公信力。2019年5月15日起施行修订后的《中华人民共和国政府信息公开条例》，修改后的条例对信息公开的方式和程序进行了明确规定，要求政府主动公开，依法公开，对信息公开的重视程度有所提升。现如今的社会是高速发展的社会，必不可少会出现一些社会矛盾，政府信息若不公开容易激化矛盾，引起社会安全类突发事件，不利于社会稳定且阻碍社会进步。下面是社会安全类突发事件特征的具体表现：

1. 人为性

社会安全类事件的人为因素最为明显，该因素是事件起因与发展的决定性因素，人为性包含两方面的意思：一方面是指完全出于人为因素造成的，例如，恐怖袭击事件、群体性事件、涉外突发事件、民族宗教事件等；另一方面，是人为因素在事件的起因中具有一定的决定作用，该类事件往往因为其他类突发事件的处理不当所引发，例如，事故灾难类突发事件，自然灾害或者公共卫生突发事件中由于处置不当而衍生出社会安全类事件，或者该类事件存在主观故意性，该事件经历人为预谋、策划到实施的过程。

2. 突发性

突发性是指社会安全类突发事件发生的地点、时间、涉及的人物、危害的程度都是无法预测的，有违公众正常的心理惯性，破坏社会的正常秩序。该事件的爆发很突然，可能没有任何征兆，使公众和管理者一时间都陷入恐慌，手足无措，使公众出现紧张、害怕的情绪；使政府难以及时制定应急措施，社会的应急资源也很难调配。虽然社会安全类突发事件可能具有预警的特征，但其具体内容还是不能全面掌控，不能清楚事件的全部细节，因此还具有突发性的特征。

3. 不确定性

社会安全类突发事件的开始与发展是动态的过程，其不确定性体现在多个方面，首先其开端就是无法确定的，因其诱因有很多种，我国目前未有精确的预测系统，而且在其爆发后，受多种因素的影响，事件的发展状态在不同时间出现不同的变化，结果更是多样的，不同阶段，公众的反应程度也不同，社会的管理效率也不同，这样更加凸显了社会安全类突发事件的不确定性。在这种不确定性的影响下，我国政府部门及其组织机构在面对突发事件时，会有很大压力，在相应处置上必定会受影响，所以在社会安全类突发事件发生时，政府应该快速掌握其产生的真实原因，控制发展态势，预测发展的方向，这样可以降低其不确定性。

4.破坏性

社会安全类突发事件带来的破坏性是其本质特征。首先会对公众的心理、生命财产安全造成损失；然后会扰乱社会秩序。例如典型的美国"9·11恐怖袭击"事件，该事件给美国人民留下的心理阴影，即使随着时间的流逝，美国人民对该事件也会永远记得，当时整个美国都陷入恐慌，秩序遭到严重摧毁。这种破坏性同时带来有形伤害和无形伤害，无形伤害指公众的心理健康，这种伤害相对于有形伤害可能更难恢复，而且当社会安全类突发事件发生后，其破坏性的范围很广，会对社会环境造成长期的影响，甚至会对正常生活和经济运转带来威胁，因此，有关部门对该类事件一定要妥善处理。

5.政治敏感性

政治敏感性是社会安全类事件与其他三类截然不同的特点，其他类突发事件不涉及政治问题，但社会安全类事件中的恐怖袭击事件、群体性事件、民族宗教事件，很多都是由于政治因素造成的，如基层政府不作为而导致事件发生和恶化，还有就是政府腐败现象严重而引起民愤等，政府处理事情不当就容易引起社会动乱，还有社会阶层的分化问题严重，也容易引起一些人的不满从而发生社会安全类事件。

第二节　我国社会安全类突发事件特点及影响

社会安全这一理论自 20 世纪 90 年代开始发展，随着苏联解体冷战结束、欧洲一体化和欧洲民族主义与排外主义的再次兴起，军事安全和意识形态问题逐渐从主导地位退居次席，因此社会安全所关注的对象也逐渐从"国家"转向"社会"，安全的中心不再是以军事安全议程为主的国家中心主义，而是以社会安全为主的社会中心主义。岳公正、尚熠认为社会安全指社会实现有序性以保障社会个体的安全，并且按照社会安全层次划分法将社会安全划分为社会自身是否有序及公民安全是否有保障两个评价标准。傅思明认为社会安全包括四个层次的含义：物质安全：对人、财产和环境无威胁；对国家的经济和政治自主性无威胁；稳定，特别是市场社会的稳定；脆弱程度：指容易被伤害的程度。社会安全类突发事件究其本质，就是社会自身的秩序被打乱，公民自身安全遭到威胁，社会安全发生了改变和冲突。按照傅思明学者提出的社会安全四个层次，对前三个层次任一的安全或稳定产生威胁，都将直接导致社会安全类突发事件的发生，第四个层次则是说明社会安全类突发事件爆发张力的大小，即多大的威胁会导致社会安全类突发事件的爆发。西方社会冲突论者都把韦伯的财产、权力、声望这三维分层标准作为分析冲突原因的根据，认为社会资源的稀缺性及其分配不公是引发社会冲突的最终根源，而社会安全类突发事件正是这种社会冲突和社会矛盾的具体体现和外化。

社会安全类突发事件在《中华人民共和国突发事件应对法》和《国家突发公共事件总体应急预案》中规定为突发事件的一类，主要包括恐怖袭击事件，经济安全事件和涉外突发事件。各级地方政府在制定当地的应急预案时，针对社会安全类突发事件作出了不同的规定。《广东省突发公共事件总体应急预案》增加了民族宗教事件、网络与信息安全事件和群体性事件等。《江苏省突发公共事件总体应急预案》则将经济安全事件列为与自然灾害、事故灾难、突发公共卫生事件和社会安全类突发事件相平行的一大类突发事件。《云南省突发公共事件总体应急预案》则纳入了重大群体性事件和重大刑事案件，但排除了经济安全事件，同时社会安全类突发事件进行了具体细分和列举。要对如此众多的规定进行整理和分析，必然要以社会安全类突发事件本质为标准，才能得出合理结论。首先，社会安全类突发事件必须是人为因素造成或人为因素起了决定作用；其次必须出于主观故意；再次必须造成广泛的社会影响。基于这三点考虑，各级预案中提到的群体性事件、恐怖袭击事件、民族宗教事件、涉外突发事件符合其本质要求，属于社会安全类突发事件的内容。但重大刑事案件、网络与信息安全事件和经济安全事件的归类则存在不同的看法。

社会安全类突发事件作为突发事件的一类，必然具备各类突发事件的共性特点，但也有其明显的独特特点。一是社会安全类突发事件的人为性。其一是成因的人为性。社会安全类突发事件的引发原因完全是由于人为因素造成或人为因素在成因中起了决定作用，这是社会安全类突发事件区别于另三类突发事件最显著的特征。在此，社会安全类突发事件成因的人为性包括了两层意思：①完全出于人为因素造成的，比如群体性事件、恐怖袭击事件、民族宗教事件、涉外突发事件等，这类事件其成因均完全出自于人为；②人为因素在成因中起了决定作用，这类事件往往由于对其他突发事件的处置不当所引发，比如自然灾害、事故灾难、公共卫生事件在处置不当的情况下所衍生出来的社会安全类突发事件，往往引发因素并不完全是人为因素，但在其演变为社会安全类突发事件的过程中，由于处置不当，致使人为因素成为关键因素，从而引发社会安全类突发事件。其二是引发的主观故意性。虽然人为因素也可以成为事故灾难、突发公共卫生事件的导火索，但就社会安全类突发事件而言则完全出于主观故意。这种主观故意体现在对事件的预谋上，并不像其他突发事件那样突如其来，而是经历了一个行为人预谋、策划或者从量变到质变的过程。

二是社会安全类突发事件的规律性。社会安全类突发事件爆发具有一定的内在规律可循。按照社会燃烧理论，燃烧三元素包括燃烧物质、燃烧助燃剂和点火温度。社会的燃烧物，就是引起社会无序或混乱的基本动因，即"人与自然"的不协调关系和"人与人"关系的不和谐。其中人与人关系的不协调是社会结构、经济结构、法律结构失衡所致，属于社会矛盾，是社会演进发展的正常的"副产品"。同时学者薛澜、张强和钟开斌认为，在正常的社会运行中也存在着诸多触发危机的燃烧物质，但一般不会燃烧，除非有诱因。因此，社会安全类突发事件的发生通常是矛盾积蓄已久的爆发，也就是可燃物质积累到了一定程度后遇到了导火索和诱发事件的结果。由此可见，社会安全类突发事件的规律性包括以下几个层面：①社会安全类突发事件爆发之前必然经过一个潜在的矛盾积累过程；②社会安全类突发事件的发生必然会有一个或数个助燃剂或导火索事件，从而引发其潜在的社会矛盾爆发；③社会安全类突发事件的爆发对于引发者而言是从酝酿、策划到最终爆发的意料之中的事件。

三是社会安全类突发事件的复杂性。社会安全类突发事件是由于社会矛盾和冲突引发的，而造成社会矛盾和冲突的原因是多样的。社会矛盾的形成往往涉及社会不同阶层、部门和复杂的社会运行副产品。因此，社会安全类突发事件的复杂性包括以下几个层面：①产生原因的复杂性，导致社会安全类突发事件从酝酿到爆发的原因是多种多样的，按照社会激波理论，在不同的人群里、不同的社会利益集团里产生不同的反响，更可怕的是同时扔进去几个，若干激波相互作用，事件交叉影响，事情就更为复杂。②表现形式的复杂性，由于同一因素引发的社会安全类突发事件，其表现形式存在单一形式或多重形式，土地征用和房屋拆迁的矛盾，社会保障和涉法涉诉的矛盾，往往都是相互交错，表现多样。③处置方式的复杂性，往往不是单一处理方式可以达到目的，必须多管齐下，才有可能达到处置的预期目的。

非传统领域的公共安全风险挑战加大。随着物联网、云计算、大数据、人工智能等创新技术的逐步应用，新形式的安全威胁和风险正不断滋生、扩散和叠加。一方面，我国网络安全应急响应能力不断提升，传统网络安全问题得到有效控制。国家互联网应急中心 2019 年 7 月发布的数据显示，2018 年全年未发生大规模病毒暴发事件，网页篡改等传统问题得到有效控制。2018 年我国境内被篡改的网站数量为 7049 个，较 2017 年降低了 64.9%，钓鱼网站的数量也从 2016 年的 17.8 万个下降到 2018 年的 5.3 万个。另一方面，云平台、数据安全等新兴领域的安全问题不断凸显，数据泄露、云平台安全风险等问题较为突出，与 5G、区块链等新兴技术相关的网络安全挑战也在不断增大。2019 年上半年，国家互联网应急中心发现我国境内 40 多家大型工业云平台持续遭受漏洞利用、拒绝服务、暴力破解等网络攻击，有 6841 个工业设备、涉及 37 家厂商的 50 种产品存在安全隐患。数据已经成为世界各国重要战略资源，关键信息基础设施和数据安全关系到国家安全。人工智能技术的广泛渗透及应用、基因编辑技术的扩散及推广、5G 技术的推广及应用等，都在给人类造福的同时，给社会带来新的安全隐患。

第三节　构建我国社会安全类突发事件应急管理体系

　　社会安全是国家安全和社会稳定的基石。当今世界，和平与发展是主题，但随着经济全球化、社会状况复杂化，以及自然灾害的频繁发生，各种传统的、非传统的安全威胁和不稳定因素增多，社会安全的内容已从国家间军事安全延伸到自然、经济、社会、政治、网络世界等诸多领域的安全。重大社会安全类突发事件不仅给人民群众生命财产造成巨大损失，也影响到了经济社会的发展全局。因此，必须增强整个社会应对突发事件的处置能力，提高处置水平，尽量将损失和危害降到最低。

　　群体性突发事件作为社会安全类突发事件的一类，通过对近几年来发生的群体性事件的实例分析，我们能够感受到各地在处置群体性事件时意识的不断增强和处置能力的不断提升，但同时，在群体性事件应急管理中也有一些问题急需解决。首先，教育疏导手段应用效果不佳。教育疏导，即是在群体性事件的应急管理中，充分利用宣传教育手段，使群体性事件的参与者（尤其是参与者中意志薄弱、容易动摇的人）认识到自己的错误，主动退出群体性事件。教育疏导的主要内容是三可三不可，即可散不可聚、可解不可结、可顺不可激。教育疏导是群体性事件处置时需要遵循的一个基本原则，同时也是有效处置群体性事件的一个重要的战术手段。充分运用教育疏导手段，使群体性事件参与者认识到自己行为的性质和后果，唤醒其身份意识和责任意识，使其慢慢由主动、积极地参与群体性事件转化到被动地、勉强地参与群体性事件，再在适当的时机加大教育力度，使其退出群体性事件，可以真正达到瓦解大多数、惩处较少数的目的。但在实践中，教育疏导手段应用方式较少，效果不突出。在处置群体性事件时，或者只采取程式性的高音喇叭喊话，或者教育内容单一、缺乏引导性，或者口径不一致，导致党委政府和公安机关的威信受到影响。

其次，现场处置时警察战斗力不强的情况突出。当前县级公安机关警力较少，在处置群体性事件时压力极大。以某县公安局为例，全局民警407人，但分布在局机关、各大队和城区派出所的民警不到二百人，而县公安局辖区内群体性事件较突出，一方面公安局疲于应对，另一方面，在进入现场强行处置阶段时，警察战斗力不强，驱散和抓捕成功率不高。警力较少，能依靠的强制力量有限，是县级公安机关处置群体性事件的短板。

再次，现场处置时容易导致警察报复性行为。当前群体性事件，尤其是成因复杂的群体性事件，往往经历一个聚众——接警到现场——警民对峙——指挥中心决策——现场处置——事态平息的过程。在警民对峙阶段，部分群众会对现场维持秩序的民警可能出现攻击性。在进入现场处置阶段时，一旦获得强行驱散的指令，部分民警容易产生报复性心理。

最后，社会沟通不足，谣言成为影响群体性事件处置的重要因素。目前公安机关缺乏较好的突发事件的社会沟通政策，而当前各种社会传播媒介不断发展变化，对于传播媒介缺乏较好的管理政策，导致一些媒介先于警方对突发事件定性，引起群众的广泛关注并形成群众先入为主的意识，警方的真相发布得不到群众的支持，这也导致谣言成为群体性事件发生的不可或缺的重要因素。延伸控制机制不健全，社会负面影响大在群体性事件处置时，处置单位往往重视现场处置工作，甚至毕其功于现场处置，对于现场警力的布防、处置措施的采取、事件核心人员的控制、人员的疏散等有细致的安排，但却常常忽视了事件的善后处置，尤其是人员的延伸。

第七章　新时代网络安全类突发事件
应急管理体系

第一节　网络安全类突发事件概述

网络安全突发事件，即由人为破坏（黑客侵袭、人为对通信设施、网络线路等进行破坏以及恐怖活动、病毒侵袭等）、自然灾害或者事故灾害所引发的信息、网络系统遭到破坏的一类严重事件。其中，较为重要的便是信息层面的安全事件，主要指不法分子借助网络开展各类违法的活动。

随着科学技术的进步，互联网的高速发展，人们的日常生活越来越离不开网络，办公、购物、学习等各个方面都伴随着网络的支持，而且网络缩短了人与人之间的"距离"，其中，主要的表现为网络改变了信息的传播方式。信息传播方式通过网络从以前的"点—面"向"点—点"转变，极大地促进了信息传播的速度和广度。根据 2022 年 3 月由中国互联网络信息中心发布的《中国互联网络发展状况统计报告》数据来看，截至 2021 年 12 月，我国网民已达 10.32 亿，互联网普及率达 73.0%。① 由

---

① www.cinic.org.cn.

于网络改变了人们对信息传播的方式，弥补了传统信息传播模式的不足，使得信息的共享和传递更加便捷，所以，人们在信息传播过程中所扮演的角色逐渐模糊化，人们不但是信息接收者，也是信息发布者和传播者，更好地实现了政府、公众与媒体之间的互动交流。然而，所有的事物都具有两面性，互联网技术带来了高效的信息传播方式，也带来了许多危害，比如，谣言信息、虚假信息、色情信息等网络有害信息充斥着整个互联网空间，严重影响着我国互联网空间的安全和健康。2016 年 11 月 17 日，第十二届全国人民代表大会常务委员会第二十四次会议通过《中华人民共和国网络安全法》（以下简称《网络安全法》），并自 2017 年 6 月 1 日起正式实施。2016 年 12 月 27 日，经中央网络安全和信息化领导小组批准，国家互联网信息办公室发布了《国家网络空间安全战略》。2017 年 6 月 1 日，《网络安全法》正式施行，将网络安全各项工作带入法治化轨道。随着这些重要文件的颁布和标志事件的发生，我国不仅开启了网络空间安全保护的法治时代，也开启了网络空间信息治理的法治时代。

随着互联网技术运用的越发成熟，社交网络平台的快速发展，每个人都可以在网络平台上发布消息，通过评论的方式表达自己的观点，也可以通过转发的形式传播信息。但是，某些舆情信息将对整个正常的舆情生态平衡起到一定的冲击作用，一些冲击会导致信息异化从而演变成网络谣言。目前，网络谣言主要依托于各类社交网络平台进行传播和扩散。网络让信息传播方式得到了改变，极大地促进了信息传播的速度和广度，但也成为网络谣言传播的最佳场所。2016 年 4 月，中山大学关于大数据和微信安全的研究团队推出的一份调查统计报告显示，许多热门谣言阅读量竟超过 2000 万次，并纷纷被其他公众号转载。由此可见，对于网络谣言的治理是亟待解决的问题。

　　另外，我国是一个人口数量多、人口密度大、社会复杂化、民族多样化的国家。当社会安全类突发事件发生以后，大量的失真信息充斥着整个互联网空间，由于网络谣言的即时性、虚假性、直接性等特点，很容易将本地发生的问题通过互联网传播到全国各地，并引起全国网民的参与和议论，导致某些社会安全类突发事件迅速地成为全国民众关注的焦点。而在社会安全类突发事件当中，信息很容易产生异化，从而产生谣言，并且谣言通过社交网络迅速在网民之间传播，这样的结果将给当地经济发展、人民生活带来难以预料的损失，有些甚至会演化为群体性事件，严重影响着社会稳定。网络谣言不仅具有病毒般的危害，同时还具备病毒一样的传播性，如果不加以合理的处置，将给当地社会稳定和经济发展带来巨大的冲击。所以，厘清网络谣言在社会安全类突发事件中传播的重要影响因素，分析其传播规律，对于网络谣言的治理是十分重要的。

　　互联网以网络的开放性、技术的渗透性、信息传播的交互性，与人类社会的生产生活息息相关，在丰富人类精神世界的同时，也丰富了人类的物质世界，让人类最便捷地获取各种类型的信息和知识。进入 21 世纪以来，以互联网为核心的信息技术正在发生质变，对世界政治、经济、社会、军事、科技等领域发展产生了深刻影响，已成为关系各个国家安全核心利益的重要问题。在互联网时代，国家安全的概念已经不局限于单纯的某个行业，而是涉及许许多多的方面，已成为现代生产的新工具、科技创新的新手段、经贸合作的新载体、社会服务的新平台、文化传播的新途径。信息化和网络化已经达到了人类社会前所未有的高度，信息网络成为整个国家的中枢神经。但是，信息网络的快速发展，给谣言的传播打开了方便之门，也为触发突发事件和传播舆情提供了途径，从而给社会和谐稳定带来了挑战。网络突发事件的发生对网络安全产生了重大影响，也对国家安全带来了重大影响。

从理论上看，加强对网络突发事件与国家安全的研究，既有利于全面增强政府的网络管控能力，也有利于提高政府对网络虚拟社会的管理质量和水平，从而实现国家治理能力现代化。从实践上看，网络突发事件的演变过程反映了"微信""微博"与"社交网站"等互联网新媒体的威力；政府应高度重视维护自身公信力，掌握话语权，争取舆论主动权。很多典型案例都是在突发事件发生之后，网民通过网络渠道进行广泛传播且使事件进一步发酵升级。从理论和实践方面可以看出，网络空间具有开放性和无边界性的特点，这会使突发事件的影响范围难以预期。因此，政府应在重视信息发布、加强网络安全监管、减少网络安全威胁、建立快速反应机制和联动机制、营造良好的网络舆论环境等方面努力。

信息资源已成为一个国家和地区重要的生产要素和社会财富，信息掌握的多寡成为国家竞争力的重要标志。网络信息是跨国界流动的，以信息流引领技术流和资金流，从而带动经济社会又好又快发展。当然，网络有利也有弊，由于它具有广泛性、普遍性、迅捷性的特点，极容易受到各种非正常因素的影响，给传统的国家经济安全带来了一定的影响。目前，每个国家和地区几乎都是通过电脑、光纤通信、卫星等信息技术手段同其他国家和地区的经济系统发生关系，并与其经济紧密联系在一起，形成一个规模宏大的经济网络。信息技术先进的国家或地区可以轻而易举地控制那些信息技术低端甚至落后的国家或地区的相关领域，控制其经济运行的相关数据和基本情况，掌握那些国家或地区经济方面的核心信息。随着网络技术的进一步提高以及互联网的快速发展，一个国家或地区的经济运行对网络的依赖程度越来越高，网络对其经济安全产生的影响越来越大，网络突发事件的发生对经济安全的影响越来越突出。据美国权威机构发布的资料显示，美国每年因网络突发事件所造成的经济损失达到了 75 亿美元。

在信息技术飞速发展的今天，网络在现代作战中的地位变得越来越重要，它能操纵作战中的物质和能量，掌控作战的特点和趋势，减少或规避敌人的风险，从而提高作战效能。事实证明，信息已成为决定现代战争胜负的重要因素之一，战争的一方可以通过信息技术摧毁敌人的指挥系统而取得战争的胜利。冷战后爆发的多次战争，诸如海湾战争、科索沃战争、伊拉克战争、阿富汗战争、利比亚战争等都充分显示了信息在现代战争中的重要作用，由于信息技术使现代战争的作战方式发生了很大变化，呈现出大立体、全纵深、高强度等特点，以地面、空中、海上、外层空间等方式进行交叉攻击，使对方防不胜防，并给对方以巨大的破坏。可见，先进的监视技术、高速运算的电子计算机、复杂的信息系统及高精度制导系统的出现必将改变战争的形态。

网络化发展带来了攻击技术远远超越于防御技术和信息技术及应用越复杂、功能越全面其漏洞、安全隐患和脆弱性就越突出两对矛盾。目前，互联网的核心技术基本上是由美国、英国、德国、法国等西方发达国家所控制，对发展中国家来说，这种涉及国家安全的网络黑客入侵事件经常发生。人们在享受互联网带来便利的同时，随之出现的网络黑客也给网民制造了不少麻烦。如果这些网络黑客被相互竞争的国家之间利用，由此引发突发事件，而成为国与国之间相互进行破坏和攻击的工具，它将成为人类的"撒手锏"，并威胁国家安全，破坏他国的发展。因此，在警示网民勿忘国耻、居安思危的同时，需要加强网络防控，提高警备意识和责任意识。

互联网的迅速发展，已成为我国经济社会发展的重要推动力量和思想文化传播的重要平台。在互联网快速发展的同时，也出现了黑客、病毒、计算机犯罪等不良现象，影响社会和谐稳定。由于网络结构体系具有高度的动态性、自治性和异构性，所有用户在网上都是平等的，人与人之间的接触表现为人机交流、人网交流等形式，人的存在往往以虚拟的"网络人"面目出现，人通常以匿名的形式出现，使得人与人之间的交往范围和空间空前扩大，也就意味着人与人的交往没有起点，也没有终点。从安全的角度看，互联网日益成为各种利益诉求的集散地。整个社会的运行在某种程度上越来越依附互联网，它已嵌入国家政治经济文化生态，已成为改革开放进程的一个重要组成部分。

第二节　我国网络问题安全突发事件特点及影响

互联网是人类社会最伟大的发明之一。20世纪80年代，著名未来学家阿尔温·托夫勒在《第三次浪潮》中预言，今天的变革是继农业文明、工业文明之后的第三次浪潮，这是人类文明史的新阶段，这种独特的社会形态由于信息技术的发展将发生巨变。美国学者尼葛洛庞帝（1996）在《数字化生存》中指出，人类生存于一个虚拟的、数字化的生存活动空间，"信息DNA"正在快速导致人类社会裂变为现实社会和网络社会两大空间。网络社会成为现实社会的直接延伸，已经深度融入社会发展和公众生活中。实际上，虚拟的网络社会与现实社会已经融为一体，构成了一个复杂的、系统的人类社会，数字化生存成为公众的一种全新的社会生活状态，而网络安全应急管理的目标就是预防和应对网络安全事件。

在网络时代，当公众的公民权、知情权、参与权、表达权和监督权被政府长期漠视时，一旦发生公共危机事件，公众就会迅速通过自媒体发布、传播和共享信息，吸引社会的注意力，对公共危机事件的解决施加影响。一般情况下，广大公众或者网民通过发帖、跟帖、推送信息等方式参与到公共危机事件的演变和网络舆情的传播中。当公共危机事件在网上曝光，经由网络迅速发酵，可以把局域性和偶然性的问题变成网民"围观"的公共话题，并产生强大的舆论场。对政府而言，不论是社会舆论、媒体舆论还是网络舆论，基本都是负面的批判性言论，它们无法对公共危机的网络舆情进行有效引导。

随着信息技术和网络技术的快速发展，互联网正以其所具有的开放性、多元性、即时性、互动性、去中心化和平等化等特点对公共危机的生命周期和舆情演化产生重要影响。网络环境下公共危机既具有传统社会公共危机的一般特征，比如公共性、突发性、紧迫性、危害性和不确定性等，也具有传统社会公共危机所不具备的网络新特征。

一、网络环境下公共危机的特征与类型

（一）网络环境下公共危机的特征

一是网络传播的多元性和即时性拓宽了公共危机的传播范围，提升了公共危机的传播速度，缩短了公共危机管理的反应时间，增强了公共危机的社会影响力。

在传统社会，公共危机的传播渠道比较少并且相对固定，主要有报纸、广播和电视等传统媒体。这种"一对多"的传播机制导致公众只能被动地接收信息，不能主动参与到公共危机的传播和反馈之中。因此，公共危机传播的范围较小，社会影响力不大。然而，在融媒体时代，公共危机的传播路径不断增加，以微信、微博、（微）视频和客户端为代表的"三

微一端"形成了新的网络舆论生态，成为公共危机传播的"加速器"，标志着中国互联网进入了便捷的"微传播"时代和"移动互联"时代。这种"多对多"的互动传播机制，一方面可以让公众快速地在互联网上曝光、传播、讨论和反馈公共危机事件，让一些"局域性"的危机事件迅速演化为"全域性"的公共危机事件，并使公共危机的演化过程更加复杂。另一方面，它更加凸显了公共危机的突发性和紧迫性，使政府组织在短时间内难以迅速做出正确的决策，难以查清公共危机事件的真相，难以应对网络舆情所产生的巨大影响力，从而增加了政府危机管理的难度。

二是网络传播的开放性和互动性提高了公共危机事件的透明度和网络舆情的影响力，为政府的"网络问政"开辟新途径。

伴随公共危机事件的频发，开放的互联网成为公共危机舆情的策源地。公众将网络和现实联结在一起，借助网络平台交流信息、参与讨论和表达观点，形成网络舆论的冲击波。这种交互式的网络舆论所形成的"辐射"效应对公共危机的消长起着推波助澜的作用，已经成为一支对公共危机事件有重要影响的网络力量，直接影响着公共危机事件的演化进程和公共危机的解决速度。在网络平台中，博客和微博发挥了重要的作用。从2011年"政务微博元年"至今，政府组织和公职人员纷纷开设博客和微博，将它作为了解社情民意的渠道、信息发布的平台、舆论引导的空间和为民服务的社区，改变了以往政府工作在网络上被"吐槽"的局面。近年来，在公共危机事件发生后，政务微博公开信息越来越迅速，成为发布权威信息的重要来源。在2014年，"@昆明发布"和"@平安北京"等政务微博在暴恐、地震和公众人物吸毒等事件中及时发布信息，成为政务微博公开信息的典范。

三是网络传播的"去中心化"和平等化弱化了传统"把关人"的角色，

96

信息传播的真实性和权威性受到挑战，影响了公共危机的演化进程。

在传统社会，当公共危机发生时，传统媒体作为"把关人"通过控制信息源来筛选传播内容，掌控公共危机的话语权。在融媒体时代，由于网络传播的"去中心化"和平等性极大地弱化了"把关人"的角色。每个人都成为相对自由的"麦克风"，他们既是信息的发布者，也是信息的接收者和传播者。传播方式也由传统的单向度传播变为多向度的互动传播，由高度集中的信息控制转向平等的信息分散。正是由于网络媒体缺少了传统媒体的过滤程序，网络信息的真实性和权威性遭受质疑，虚假消息泛滥。2011年3月日本大地震导致核泄漏事故发生后，网上流传"核辐射污水污染中国海盐""食用碘盐可预防辐射"等谣言，中国随即爆发了一场突如其来的"抢盐潮"，许多超市的食盐被抢购一空，在短时间内就形成一场公共危机事件。"抢盐"事件虽然是一个负面新闻，但是国内媒体积极发挥舆论引导作用，既发布政府的应对措施，又进行全方位辟谣。四天之后，"谣盐"来也匆匆，去也匆匆，各地又现"退盐潮"。

网络环境下公共危机事件是随着互联网的广泛使用而产生的新问题，但不完全是在网络社会中形成的公共危机事件，其内容一般都与现实社会中真实发生的危机事件或者危机因素密切相关。如果没有互联网这种"催化剂"的作用，现实社会中的危机因素不会演变为公共危机事件，在现实社会发生的公共危机的影响力也将受到影响。与传统社会的公共危机事件相比，网络环境下公共危机事件在网络传播中具有较强的动态性、不确定性和难以控制性等特点。因为现实社会中的公共危机事件在网络舆论的"辐射"和"放大"下，影响更广泛，互动性更强，危机管理也就更加困难。

从总体上看，网络安全事件的处置包括国家级政府、国家级非政府和地方级非政府三个层面。下层安全应急体系如各家安全厂商的应急响应中心，互联网公司、电商的应急响应中心纷纷建立。即便如此，新一代网络安全威胁的传播速度很快，攻击面很广，其威胁覆盖面已超乎我们的想象，移动电话、个人电脑、网站、应用、社交媒体无一幸免。突发事件的发生给应急工作带来巨大的困难与考验。进入 21 世纪，网络安全这一问题变得更加突出。如 2000 年雅虎网站的大规模拒绝服务攻击，2001 年的红色代码事件，2001 年全球根域名服务器遭到大规模拒绝服务攻击，2003 年的 SQL Slammer 蠕虫病毒，2004 年的震荡波，2006 年的熊猫烧香病毒，2010 年的震网事件，2015 年利用 Cobalt Strike 平台的 APT—TOCS 事件、Hacking—Team 数据泄露事件、Biige 等商业手机木马利用事件，以及 2016 年日趋活跃的勒索软件的出现，信息安全事件种类越来越多，呈现出如下特点。

1. 攻击组织化、趋利化

网络攻击不仅仅是单个黑客的炫技行为，也体现为许多有组织的以获取经济利益为目的的商业行为。其攻击行为的实施都有清晰分工，攻击组织化大大增强了攻击者对各类网站和信息系统的攻击能力，而目标趋利化则使得攻击所造成的危害进一步加大。

2. 攻击方法推陈出新

传统攻击通常采用 rootkit、感染式病毒等方式，而如今网络攻击的新思路、新技术、新方法不断出现，如网络钓鱼、社会工程、网页挂马、0day 漏洞、重定向等攻击。不断出现的种种新的攻击方法也增加了网络与信息安全事件原因分析和技术处置的难度。

3. 攻击技术工具化、平台化

纵观全球，传统意义的高级持续性威胁（APT）攻击更多地让人联想到精干的作业团队、用于攻击的基础设施、0day 漏洞挖掘小组以及恶意代码的编写小组等。但 APT—TOCS 事件攻击者依托自动化攻击测试平台 Cobalt Strike 实现了对目标主机进行远程控制的能力，用一种新的方式为一些技术能力和资源相对有限的国家和组织提供一种新的示范选择。这种方式降低了攻击的成本，而这种高度"模式化"的攻击也会让攻击缺少鲜明的基因特点，从而更难追溯，应急工作更难有效执行。

4.攻击目标范围广泛化

除传统的网站、信息系统外，域名系统等互联网基础设施、邮件系统、工业控制系统、个人终端、智能手机、无线网络等都已经成为网络攻击的目标。这两年，除了熟悉的漏洞 Windows、Linux 和其他类 Unix 系统、iOS、Android 等操作系统及其应用软件漏洞外，安全威胁在小到智能汽车、智能家居、智能穿戴，大到智慧城市都无所不在。

多年来，信息化发展已经深入到政府管理、企业运作、群众生活等方面，成为支撑社会正常运转的重要基础。当作为基础设施的信息系统出现故障时，将会直接影响正常的社会管理和服务。

（二）复杂的国内外环境

当今世界正发生着复杂深刻的变化。国际金融危机深层次影响继续显现，世界经济缓慢复苏、发展分化，国际投资贸易格局和多边投资贸易规则深刻调整，各国面临的发展问题依然严峻。我国"一带一路"顶层战略充分依靠与有关国家既有的双多边机制，借助既有的、行之有效的区域合作平台，积极发展与沿线国家的经济合作伙伴关系。国际经济贸易战略交叉，互联网应用水平增高，使各国在合作的同时也体现出激烈的国际竞争与网络力量的博弈。

（三）核心技术和设备的缺失

国内网络与信息系统包括重要部门的信息系统使用国外技术和产品的比率居高不下，技术水平与基础设施供应不能很好匹配，与大国还有差距。如美国具备强大的技术力量，包括监控硬件生产、制造，操作系统、芯片在世界范围内的占有率较高，其所具备的强大的信息获取能力是其他国家无法比拟的。

（四）信息安全保障工作有待提高

我国信息安全整体水平还相对比较落后，各级地方政府虽然已经开始认识到信息安全的重要性，但在具体工作的实施过程中仍存在问题，如应急响应工作的开展相对滞后，很多单位未能较好地落实国家要求，人才与投资显现出不足等问题。国家计算机网络应急技术处理协调中心（CN-CERT/CC）自主监测的数据显示，2015 年已发现 10.5 万余个木马和僵尸网络控制端，控制了我国境内 1978 万余台主机，抽样监测的恶意程序转发的用户邮件数量超过 66 万封，个人信息泄露事件频发，网络设备安全漏洞风险较大，并有增加趋势。

纵观网络安全形势，去年由网络攻击引发的数据泄露依旧猖獗。信息泄露的背后已经形成一条完整的利益链，这些用户信息或被用于团伙诈骗、钓鱼，或被用于精准营销。因恶意代码导致的信息泄露事件中，极为值得反思的是 XcodeGhost 事件，截至 2015 年 9 月 20 日，各方累计发现已确认共 692 种 App 曾受到污染，受影响的包括微信、滴滴、网易云音乐等流行应用。这次事件采用了非官方供应链污染的方式，反映了我国互联网厂商研发存在缺陷和安全意识薄弱的现状。

从我国现阶段来看，信息安全突发事件应急管理工作取得了一定的进展，但从总体来看，应急预案不够完善，在实际应用上，缺乏实用性和可操作性。除了中国外，世界上网络大国或网络发达国家都制定了网络安全国家战略。各国网络安全战略之所以如此密集地出台，主要是因为随着互联网的迅速发展和普及，各国政府、关键基础设施、企业和公民均严重依赖于网络的可靠功能；网络安全出现问题，将严重危及政府和企业的运转，极大影响公众的社会生活，可以说网络安全是一国繁荣发展的"生命线"。因此，合理建立信息安全突发事件的应急响应体系，实现有限投入下最大限度地降低信息安全突发事件的负面影响，就成为一个迫切需要解决的问题。

第三节　构建我国网络问题安全突发事件应急管理体系

网络已经成为当今社会不可或缺的一个重要组成部分，与之相适应，针对网络的安全问题也层出不穷，近年来已逐渐成为影响中国经济发展、社会稳定、人民群众日常生活的重大问题与领域。网络和信息安全面临着前所未有的严峻形势，涉及政治、军事、经济、文化、外交、安全关系和利益的全球化、多级化世界格局，所有这些都全面映射到开放的网络空间，由此形成的非传统安全进一步加剧了网络化社会的风险。目前，中国急需建设网络安全应急体系，保障网络安全最后一道防线，抵御网络安全威胁。

我国在互联网网络安全应急保障体系方面，已经初步形成了在工业和信息化部互联网应急工作办公室领导下，以 CNCERT/CC 为核心、以各种互联网骨干运营企业为依托、以应急服务支撑单位为后援的国家级网络安全应急处理体系。随着我国经济的发展，在信息安全的法律法规方面，我国已经进行了初步尝试，但相对发达国家来讲距离还不小。互联网的复杂性和跨地域性决定了网络安全事件的应急处置应该是多个部门和单位协同的过程，这便要求各主管部门和应急机构要不断整合各自的优势，最终形成合力，并根据各部门在应急响应中所发挥的作用，确定一个应急响应牵头部门，负责统一指导整个应急响应工作，以改变目前各自为政的局面。不规范的网络行为，是造成网络风险最重要的因素。然而，仅仅依靠打击网上犯罪和违法行为来解决问题也是远远不够的，要充分做到网络安全监管的关口前移，发挥行政管理措施的职能。目前整个网络安全应急响应工作仍存在诸多问题，如应急响应的时间滞后性问题，应急响应工作有效落实的问题，应急计划操作性不强、部门联动性较差、应急培训演练次数不足、应急技术人员的专业性不足、过分依赖国家应急平台等问题。

当今网络安全形势严峻，网络威胁发展迅速，应急响应工作面临重大考验。互联网网络安全应急保障体系在稳步建设的同时仍存在许多问题，通过应急响应工作的加强与改善来解决网络安全问题成为行之有效的服务手段之一，并具有一定的迫切性。针对新时期的网络安全应急工作，因其定位已发生变化，应急的对象也在不断扩充，需要调动体系的力量，多方联动及时消除隐患，从体制和机制等方面来进行保证，防止产生巨大的恶劣影响。具体包括以下几方面内容。

（一）坚持战时协助攻防、急时快速掌控、平时侧重服务的应急方针

战时协助攻防：网络应急工作应该以保障军事网络安全运行为核心，

协助我国军事网络部队进行网络战的方案制定等，必要时可以切断公共互联网网络。急时快速掌控：在发生大规模网络攻击事件时，能够在最短时间内控制事件的扩散，掌握事件的发展动态，准确判断事件的影响范围，制定应急响应措施，将损失降到最小。平时侧重服务：应急响应的平时工作是保障互联网的安全运行，及时应对一般性网络安全事件。

（二）在应急处理中开展体系化对抗

从法制、机制、人员、资金、技术等多个层面建立立体对抗体系，形成整体化、立体化应急网络体系。应急的目标不局限于把境外有害言论的源头挖出来，而是震慑一大批有企图的人，从而达到降低宏观指数的目的。

（三）明确危害网络信息安全的责任和义务

在网络信息安全立法中，必须对危害国家和公共网络安全的行为明确法律责任，为追究违法者创造法律条件。一是对于违法行为，应当相应地规定其民事责任、行政责任和刑事责任，明确各自的责任界限；二是要解决好民事责任、行政责任和刑事责任之间的衔接问题，对于尚不构成犯罪的违法行为，应当依法承担民事责任或行政责任；三是建立移送制度，对于危害性较大且已经构成犯罪的行为，应依法移送司法机关追究刑事责任，避免"以罚代刑"；四是所有网络运营商都有维护用户信息安全的义务，这些义务主体在未履行保护网络信息安全义务时，应当承担相应的法律责任。

（四）完备网络安全组织体制，强化应急救援体系

建议成立专门机构，作为中央政府应对特别重大突发公共事件的应急

指挥机构，统一指导、协调和督促网络基础设施应急、公共基础设施信息系统应急、网络内容管理应急等网络安全应急工作，建立不同网络、系统、部门之间应急处理的联动机制，对分散在各部门的网络安全应急管理职能适当加以整合。

（五）机制上落实应急处理主体的行政执行能力和执法权

第一，强制要求网站拥有者配备安全人员、安全设备。安全人员如首席安全官（CFO）等需具备相关资历，在相关安全应急培训组织进行过专业培训，并可提供其能力的官方证明材料。第二，将"gov"和"edu"等国字头网站做统一托管，将流量数据大集中，便于进行安全检测。

（六）将事后应急向事前和事中应急转变

第一，平时发出探针，发现异常就针对关键目标监控，对来源IP分析，通过运营商查询通联日志，有针对性地搭建蜜罐，当攻击者攻击蜜罐时，不仅可以记录下详细的攻击过程，还有希望伺机利用漏洞来反制。第二，不仅是网络设备，QQ、淘宝、乌云等常用应用要进行监测，收集数据，尽可能地发现非正常现象，从中找出攻击者的某些可识别信息、资金链等，并及时将信息共享。

（七）定期开展国家级网络安全应急演练

互联网是一个高度军民融合的环境，一方面要坚持军民共建共享，另一方面要统筹平战需求。为了实现"平时侧重服务，急时快速掌握，战时协助攻防"的目标，需要加强应急演练，保证网络空间安全体系处于应急态时可以高效运转，形成科学有效、反应迅速的应急工作机制，保障重要信息系统的稳定运行。需要成立国家级和省市级的网络安全应急演练工作组，制定网络安全的规章制度；组织安全排查，及时消除网络安全隐患；组织制定并实施各级网络安全事故应急预案，能够及时、准确地报告网络安全事故。

健全的法律法规体系对于有效处置舆情危机有着良好的效果。目前，我国有《中华人民共和国网络安全法》《全国人民代表大会常务委员会关于维护互联网安全的决定》《互联网信息服务管理办法》《互联网新闻信息服务管理规定》等规范性法律文件，但还存在立法层次不高、内容不够系统等问题，迫切需要建立健全包括法律、行政法规、部门规章为主要内容的网络媒体法律法规体系，为网络舆情引导治理、突发事件舆情处置提供执法依据和准则。要依法明确细化相关部门职责，完善网络舆情处置协调机构和分工协作机制，规范舆论引导流程。要依法善待善管善用媒体，对媒体部门、媒体从业人员、新闻发言人以及公众的网络舆论进行分析和预警，积极通过网络媒体吸纳民意，改进工作，自觉承担起聚民心、展形象的使命任务，积极树立公安机关及其人民警察的良好形象。

第八章　新时代应急管理国际合作与互鉴

第一节　全球治理与应急管理国际合作

全球化发展带来的全球性问题已经开始挑战人类生存，影响人类命运，随着全球化、网络化和信息化快速重塑原有的全球经济社会结构，全球性问题也越来越多，不仅仅包括传统的经济、金融、地区冲突、毒品泛滥等，还包括网络、太空、极地等新议题不断出现，西方国家主导之下的全球治理形成了一系列体制或机制，而由于现有的全球治理体系存在着结构性缺陷，造成一系列治理赤字。全球治理体制变革离不开新理念的引领。近年来，中国为突破全球治理困境不断探索中国方案，创新全球治理理念。21 世纪以来，各国联系越来越紧密，相伴而来的是各种各样的突发事件，给我们带来巨大威胁的不只是经济上的危机，更多的反而是公共危机，其中首当其冲的就是突发性环境事件。突发性环境事件具备了公共危机的所有特点，阻碍经济发展的同时，对社会秩序的稳定、公众的生命安全都产生了极大的威胁。面对如此危机我们不能闭门造车，应当通过加强应急管理国际合作来更有效地去应对突发性环境事件。

全球化在不断推进人类社会发展的同时，也使得传染病的传播越发不可控，新发大规模传染病在全球层面上的防控难度愈加凸显。无论是过去已经控制住的霍乱、疟疾、鼠疫、肺结核，还是近几十年来出现的艾滋病、非典型肺炎、禽流感、中东呼吸综合征、埃博拉病毒等，其传播的途径和范围不断扩大，造成的国际影响也更加严重。疫情不分国界，人类命运休戚相关，加强国家合作，提升国际公共卫生应急管理体系的核心能力建设已迫在眉睫。

应急管理与人民的生命财产安全关系紧密，尤其是在面对自然灾害时。因此，对世界各国而言，应急管理都是一个非常关键的主题。中国易受到自然灾害威胁，尤其当今气候变化影响不断加重。过去的几十年里，中国的应急管理能力有了极大提升，已经能够有效地应对自然灾害，特别是中国已经构建起完整的应急管理体系，为有效应对各类自然灾害奠定了基础。同时，应对自然灾害也是全球的共同任务，需要广泛合作。

随着全球化进程的推进，各国经济、文化联系日趋广泛，整个世界早已成为一个"地球村"，也正是因为大家逐渐融合为一个整体，一个地区或者一个国家的环境危机很有可能会成为全球性的环境危机。比如这次新冠肺炎，起初只是在少数地区暴发，时至今日却已经变成了全球性流行病。由此可见，现在我们都是同一个整体，无论是哪个地区发生环境危机，都有可能会对它周边甚至是范围更广的国家产生不利影响。这些突发性环境危机并不是简单的产生到结束，它往往具有复杂性和持续性的特点，因此任何一个国家都不可以置身事外，危机也不是单靠一国或者几国就可以解决的，只有国际社会采取合作的态度，相互分担危机，分享应对危机的经验，才可以使危机得以解决。

党的十八大以来，中国积极参与全球治理，提出了一系列新思想新理念新举措。特别是"人类命运共同体"理念被联合国等国际组织多次载入其决议和相关文件，表明人类命运共同体理念与《联合国宪章》的宗旨和基本原则的契合性，符合世界人民的根本期望，正成为国际社会主流价值观。习近平总书记关于人类命运共同体理念提出以来，伴随着中国共建"一带一路"倡议等全球合作实践，逐渐为国际社会所认同。习近平总书记指出，"要坚持统筹推进国内法治和涉外法治。要加快涉外法治工作战略布局，协调推进国内治理和国际治理，更好维护国家主权、安全、发展利益。要强化法治思维，运用法治方式，有效应对挑战、防范风险，综合利用立法、执法、司法等手段开展斗争，坚决维护国家主权、尊严和核心利益。要推动全球治理变革，推动构建人类命运共同体。"① 这不仅是中国为全人类做出较大贡献的大国担当，更是中国为推动构建人类命运共同体，推动健康有序可持续的新全球治理向前发展提供的中国方案。

作为全球治理的中国方案，人类命运共同体在其构建过程中是以公共性为价值中轴的。其所蕴含的实质公共性特点在推动构建和谐的国际关系秩序的过程中必然会有鲜明的体现。从公共哲学的理论视域来看，人类命运共同体作为国际秩序发展的理想模式，在其核心价值、基本制度、依托组织与运行机制这些要素共同作用而形成的运行规则层面具有两个最为突出的特点——包容性和灵活性。其包容性是指，由于各主权国家都参与了人类命运共同体运行规则的制定和确认，因而会全面协调多方利益诉求，易于得到各主权国家的支持和遵守，这体现了人类命运共同体对其成员利益的包容。在这样的秩序状态下，各主权国家间的互动将会更加广泛、频繁而密切。其灵活性是指，人类命运共同体的运行规则是各主权国家共同

---

① 《习近平在中央全面依法治国工作会议上强调　坚定不移走中国特色社会主义法治道路　为全面建设社会主义现代化国家提供有力法治保障》，《人民日报》2020 年 11 月 18 日。

参与和协商的结果，使其在具体实施中具有灵活性的特点。这种灵活性是指其运行规则会因具体的主权国家的利益变化而产生一定的伸缩性和相对性。通过共同协商来调节利益关系是人类命运共同体的一项基本规则。总的来看，人类命运共同体所代表的国际秩序和全球治理体系打破了国强必霸的逻辑，消解了原有的绝对权威而代之以均势权威。如果各主权国家能够全面而积极地参与人类命运共同体的构建并发挥各自作用，就会"推动国际秩序和全球治理体系朝着更加公正合理方向发展"，这使得公共性价值在理想的国际秩序的建构和维系中的重要性更加凸显。

在公共环境事件多发的今天，对国际社会任何一个国家而言，承担责任首先是要展现合作的态度。在构建人类命运共同体的今天，我们要看到机遇和风险是并存的，只有在危急时刻相互支持，人类社会才有可能拥抱美好健康的未来。

第二节　全球视野下应急管理的国际经验借鉴

评价一届政府或执政党的管理水平和治理国家的能力，不但要看在社会经济常态下的管理和服务的表现，更重要的是要看在非正常情况下应对和处置突发公共事件的能力和水平。如何增强忧患意识，居安思危，提高对风险社会中突发事件的突发性、紧急性、不确定性、广泛性和基于新时期风险社会中突发事件形式多元化、规模扩大化、形态群体化、目标国际化等发展趋势就显得十分重要。不同的国家，由于国情不同，采取的应急管理措施各有异同。"他山之石，可以攻玉"，我们或可借鉴国外突发事件先进应急管理经验，在全球视野下完善我国应急管理体系。

对海外突发事件应急管理机制进行研究是一项十分必要的课题。近年来，我国进行了利比亚撤侨、巴厘岛撤侨多次撤侨行为，进行了马航"MH370"失事国际救援搜救等，海外突发事件应急管理机制逐渐成熟，但在理论研究、法律保障、实际工作中都仍存在诸多不足，如缺乏专门涉外应急法律，轻预防重应急，未充分发挥企业、民间组织的作用，人员和经费不足等问题，与英美等国相比，我国的海外突发事件应急管理仍有较大差距。英美等发达国家在向海外发展的过程中，海外突发事件应急管理工作方面起步较早，在维护海外利益方面已经建立了一套比较成熟的制度，无论是机制建设还是市场化程度都走在世界前列。我们应该吸取其精华，转化为符合我国国情以及与人类命运共同体理念共通的模式，使我国在推进全球化的治理进程中更加游刃有余。这里主要介绍其中一些做法，以期参考。

一、美国

美国应急管理工作起步较早，经过多年的发展完善，现在已经形成了比较先进和成熟的应急管理机制，呈现出统一管理、属地为主、分级响应、标准运行等特征。

（一）海外方面

1.组织机构

保护美国海外公民的责任由美国国务院和使领事馆专门负责。为了有效开展各项海外保护具体工作，美国国务院设立了专门机构负责具体事务，一是领事事务局（Bureau of Consular Affairs），主要职责包括：制定领

事保护、移民等相关保护政策法规；向国家有关部委提出有关建议，制定
关于护照、签证等涉及美国海外公民利益的具体政策、措施等。领事事务
局下面还设置了以下机构：海外公民服务处，负责联系驻外使领馆、美国
海外公民与国内亲属、朋友等事务；美国公民服务和危机管理办公室，主
要负责一线突发事件处置工作，包括美国公民在国外死亡、伤病或者被捕
等事件；法律事务办公室，主要提供海外法律方面的咨询、援助等工作。
此外，还设了儿童问题办公室、政策研究和机构联络办公室，各机构分工
明确，致力于为美国海外公民提供全方位领事服务。二是外交安全局（Bu-
reau of Diplomatic Security），该机构组成人员既包括政府公职人员也包括
承包商等社会成员，一同为美国海外外交安全提供服务。外交安全局设置
了以下部门：情报和威胁分析办公室，实时监测海外安全风险并及时处理
各种安全信息；海外安全建议委员会，该委员会由政府代表和美国私人企
业代表组成，成立了包括海外安全官、地区安全形势、恐怖活动等具体信
息的电子数据库，共同处理海外安全事件。在美国驻外使领事馆方面，也
都把领事保护列入日常工作范围，并对具体事项包括在他国死亡、犯罪被
捕、紧急经济协助等作了细致介绍、规定。

2. 预防预警

美国的预防预警机制比较完善，主要体现在内容和信息发布渠道方
面。美国关于海外出行信息的内容十分丰富仔细，并针对不同群体提供信
息服务。美国国务院制作了各种安全宣传手册，如《外交手册》《海外安
全旅行》《加拿大旅行提示》《海外公民服务》《海外妇女单独旅行提示》等，
领事事务局也制作了领事信息手册，图文并茂，涉及当地的法律、风俗、
购买保险、防疫以及如何自救、求助等各种常识、习惯。一些民间组织也
积极参与其中，为公民提供尽可能详尽的信息。在获取信息渠道方面，美

国公民可以通过更多的渠道获取海外安全信息。这里的渠道既有官方的也有来自民间的，公民既可以通过网络也可以通过电话、海外安全手册以及一些民间组织获取自己想要的安全信息。美国国务院制作了各种宣传手册，公民不仅可以通过国务院网站下载，美国国务院及驻外使领事馆还提供纸质版材料。此外，美国国务院提供了电话预警信息服务，公民可以通过预订电话服务获取最新的旅行安全信息。美国国务院领事事务局对于海外安全信息的管理也十分重视，制定了专门的信息计划，并根据各个国家和地区情况不同制定了有针对性和更为实用的出行手册，为出国公民提供信息参考和建议，公民可以通过网站下载、预订或者在机场、驻外使领事馆办公场所获取。美国海外公民组织也积极通过网络、宣传手册为公民提供尽可能多的信息服务。美国外交学院还开设了培训课程并对外开放，以培养海外公民和企业安全防范意识。总体而言，美国关于海外突发事件预防预警机制方面，内容丰富、及时更新且种类繁多，宣传参与主体多元化，多种宣传发布渠道。

3.法治建设

《维也纳领事关系公约》《外交保护条款草案》作为国际上处理领事关系、进行外交保护主要国际法依据，当然也是美国开展海外应急工作的法律依据。美国还与许多国家建立了领事关系、同盟关系，积极签订双边或多边协定，成为美国保护海外安全的重要国际法依据。

美国在国内法方面，制定了比较完善的海外保护法律法规。包括《宪法》和《全国紧急状态法》。此外，美国联邦法典第 22 部分的对外关系中《海外公民撤离》规定了海外美国公民遇到战争、自然灾害等人身安全受到威胁时，撤离美国公民；《保护海外公民条例》《协助受灾美国公民》规定了外交官员和领事官员应当依照法律规定保护本国海外公民。美国联邦法典对海外公民登记制度作了明确规定，公民自愿登记，一旦发生紧急情况，国务院必须及时将情况告知已经登记的公民，并采取相应协助措施。

《协调国务院和国防部在海外受威胁地区保护和撤离美国公民的分工合作》《帮助国际恐怖主义受害人的谅解备忘录》等行政命令对保护本国海外公民也起到了积极作用。

4.个人责任

在美国，公民在海外遭遇突发事件并不是全部免费救助，而是制定了相应规章制度，公民如果需要政府派专机进行营救，会被告知具体费用，而不是由政府买单。例如，美国军方关于提供救助明确了按小时收费，每小时2000—10000美元不等。如果暂时支付不了，在事后或者回国也会被要求支付费用，并与个人信誉、签证等关乎个人切身利益的事情相挂钩，有效保证公民支付费用。美国关于救助费用的收取目录十分详细，包括交通费、丧葬费、医疗费等，对经费的使用有着严格的规定。美国的海外安保发展得十分成熟，美国许多知名的安保公司都积极拓展海外业务，为有需要的顾客提供安全产品服务。美国政府也积极鼓励公民购买保险服务，遭遇突发事件后，美国驻外领馆通常会建议公民自行购买机票，与安保公司联系进行营救。

（二）国内方面

美国全国突发事件管理系统建设（National Incident Management System，简称NIMS）是美国应急管理体系建设的落脚点和工作抓手。该系统以应急准备和应急响应框架作为重要基础，规定了一系列标准化的框架结构，从而促进不同管辖人和不同专业领域之间的整合与相互衔接，共同应对突发事件，进而增强美国应急管理工作中的"体系能力"。从具体实践来看，管理不同规模的突发事件，需要应急管理人员及其所属的组织之间开展快速沟通、协调与协作。2017 年 10 月 17 日，美国联邦政府发布了第三版《全国突发事件管理系统》，这标志着美国第三代全国突发事件管理系统的诞生。按照美国联邦政府的界定，全国突发事件管理系统是引导各层级政府、非政府组织和私营部门共同努力，以预防、保护、减缓、响应和恢复事件影响的系统性与主动性的方法；它为全社会的利益相关者提供了共享的词汇表、制度和过程，以成功实现全国准备系统中所描述的能力；它为应对从日常事件到需要协调的联邦响应的事件提供了一致的工作基础。该系统的实际应用和变革发展受到国际应急管理领域的高度关注。第三代全国突发事件管理系统仍保持了原有的设计理念，但更加重视应急管理规则制定与制度安排。第三代全国突发事件管理系统通过把"统一行动"新增为基本原则，进一步强调了其重要性，超出了突发事件指挥系统的范畴；澄清了突发事件指挥系统的概念；增强了突发事件应对中关于"互助"的指导；扩大了应急管理组织架构中的情报、调查职能设计；突出了全国突发事件管理系统和全国响应框架间的一致性行动，进而大幅提升了美国应急管理系统的一体化和科学化。

"应急准备"成为应急体系建设的指导思想。从整体发展背景来看，随着 2011 年后美国应急管理战略的转变，应急准备已经上升为总体战略指导思想。应急准备工作体现在大量应急管理的工作规范中：一是制定完成了《全国准备目标》《全国准备系统》两份核心文件，明确界定了新的核心能力，以及建立能力的方法和途径，同时每年发布《全国准备报告》；二是重新审视了《全国响应框架》，将其分解、充实并调整为《全国预防框架》《全国保护框架》《全国减缓框架》《全国响应框架》《全国恢复框架》，更加明确了公民、社区、民间机构、地方政府、联邦政府部门、总统等在这一领域的职责，界定了在该框架领域培育相关核心能力的要求；三是新制定了《跨机构减缓计划》《跨机构响应计划》《跨机构恢复框架》等文件，以促进跨机构之间的合作和协调；四是出台和更新了一批支撑性文件，进一步审查和完善了综合准备指南的一系列文件。

加强指挥与协调中的统一行动。指挥与协调工作一直是美国全国突发事件管理系统中的核心内容。美国联邦政府突发事件指挥系统与美军的联合作战指挥渊源极深，"统一指挥"使依据不同法律、处于不同地理位置和拥有不同职能权力的机构可以一起有效地工作。具体来看，一方面，美国突发事件指挥系统实际上是基于标准和模块所建立的基本管理形态，有利于促进涉及有多个管辖人、多个机构参与突发事件处置时的"统一行动"。另一方面，该系统能够让应急管理人员识别与突发事件相关的关键事项，特别是在紧急情况下关键事项不被忽略，从而提升突发事件管理效率与效能。从第三代突发事件管理系统的内部要素来看，更加重视"指挥与协调"中的应急操作中心（功能包括信息管理、资源管理、通信策略等）与其他部门的统一行动。

当前，美国应急管理体系改革的最终效果仍有待观察，但从第三代全国突发事件管理系统的改革思路和具体政策来看，改革有利于促进应急响应框架执行、突发事件现场与后方行动、实体与虚拟空间处置的一致性，有助于美国应急管理体系的科学化、规范化和一体化建设。

一是有利于促进全国突发事件响应框架执行的一致性。从突发事件应对的实际来看，迫切需要促进大量参与机构与人员的统一行动，而在巨灾应对中，"统一行动"往往具有很大的难度。2016年6月，修改后的美国《全国响应框架》为制定国家层面的政策和操作指南提供了应急管理的组织架构与机制，以确保向州、地方的相关行动提供及时有效的联邦支持。需要注意的是，美国《全国响应框架》实际上以全国突发事件管理系统为基础，描述了适用于各种危害的联邦政府具体职责与组织架构。新的《全国响应框架》聚焦于快速即时的需求，为应急能力建设和资源整合提供了更具针对性的指导方针和程序。在此基础上，2016 年 8 月修订的《跨机构响应计划》，有利于促进新的《全国响应框架》在落实全国准备目标中的跨机构之间的一致性。因而，改进全国突发事件管理系统有利于促进全国响应框架更好实施，提高美国整体的突发事件管理能力和效率。

二是有利于促进突发事件现场与后方行动的一致性。前方现场人员与后方应急操作中心人员之间的有效沟通与交流非常关键。从突发事件应对的特点来看，前后方的应急人员与队伍的目的、权限、组成存在很大差异，这就需要高效整合和交换信息，以协调全部资源，开展有效处置。第二代应急操作中心的主要职能包括：收集、分析和共享信息；请求、分配和跟踪资源需求；协调工作计划等，在某些情况下，可以提供协调和政策指导。第三代应急管理系统则强调，应急操作中心用于场外支持现场指挥业务。

三是有利于促进实体与虚拟空间处置的一致性。目前，互联网和其他基于网络的工具可以成为应急管理人员及其所隶属组织的"特殊资源"。突发事件响应关系不仅需要在现场及时、有效处置，还需要协调和支持虚拟空间的行动。推特等新社交媒体则提供了创新的数据收集方式，以实现态势感知与信息交互。特别是在巨灾的情况下，借助互联网和其他基于网络的工具，不仅可以发布信息，还可以快速收集灾情。第三代全国突发事件管理系统中强调，"第一响应人员在突发事件应对中通过这些应用程序获得或分享的信息应按照标准化的方法，并且应符合总体信息共享标准、程序和协议。"因而，未来美国的突发事件管理工作需要包括指导突发事件的现场处置、获取信息与资源、协调和向事发地点输送资源，并需要与公众分享不涉及国家安全或个人隐私的突发事件信息。美国联邦政府非常重视实体与虚拟空间的"融合"，2010 年 5 月发布的《综合准备指南502》《关于融合中心与应急操作中心合作的注意事项》，就是用来促进实体与虚拟空间突发事件处置的一致性。

二、英国

英国危机管理的历史发展富有特色。在英国，20 世纪末期，由于意外事故和危机频频发生，因此这一时期被称为饱受痛苦灾难的时期，这使得英国政府开始关注各种突发公共危机管理规划，中央政府成立危机管理机构对可能发生的危机提前做出预警，并且开始研究危机发生后对灾难的拯救恢复。

（一）国际方面

1.组织机构

首先是加强应急反应机构建设。海湾战争爆发后，英国外交和联邦事务部领事司设立了应急处，负责火山喷发、地震等突发事件。后来，为更好应对紧急事件，设立了危机处理小组，2002 年升级为外交和联邦事务部领事应急中心，并成立快速部署小组，对领事保护的紧急事件迅速做出反应。其次，加强协调合作。在加强自身机构建设同时，英国政府认识到单纯依靠英国外交和联邦事务部一个部门的力量，很难应付日益繁重的领事工作，应该积极与其他政府部门、非政府机构、社会组织加强合作。于是，英国外交和联邦事务部牵头成立了领事战略委员会、领事服务利益相关部门小组和旅行建议检查小组。领事战略委员会由国际刑警组织、保险协会、旅游行业协会、航空公司等机构、单位组成，就领事突发事件定期或不定期进行磋商和协调。领事服务利益相关部门小组和旅行建议检查小组联合了旅游公司、航空公司、慈善机构、志愿组织以及记者行业协会等多个成员，发挥政府机构在处理突发事件中所不具备的优势，它们资源丰富，更为专业细致，为政府分担了许多事务性工作。此外，明确了突发事件的管辖。英国外交和联邦事务部规定：海外针对英国公民的恐怖事件由反恐政策司处理，领事司协助；其他突发事件由领事司应急中心负责，警方提供必要的协助。

2. 预防对策

英国作为老牌资本主义国家，在维护海外公民安全方面十分重视宣传教育的作用，在预防预警方面形成了一套成熟的做法。一是充分发挥技防的作用。英国政府十分重视现代信息技术在海外应急管理方面的运用，2001 年，英国外交和联邦事务部就建立了全球领事案件数据库，实现了从外交部到驻外使领馆的领事信息资源共享，大大提高了信息传递效率，发挥信息合力价值。2002 年，英国外交部安装了一体化声音识别电话服务系统，为公民提供海外安全信息服务。二是提供内容丰富、种类齐全的宣传出版物。英国外交和联邦事务部出版一系列的安全提醒资料，如《帮助海外英国公民》《海外英国囚犯》《安全旅行简明指导》等，介绍各国国情，内容涉及恐怖活动、当地法律、宗教、入境要求等基本情况，并且要求驻外使领馆定期对旅行建议进行重新确认、更新。从 2006 年起，英国外交和联邦事务部每年都会发布《海外英国公民行为报告》，对海外英国公民遇到的困难和问题进行总结分析，并提出建议。三是多渠道对公民进行海外安全宣传教育。外交和联邦事务部除了通过网站、电话、传真、邮件等官方渠道，还积极和非政府机构合作，通过多种方式宣传。一些民间组织也会提供国外旅行建议。四是建立风险评估机制。为帮助英国公民进一步了解海外风险情况，英国政府每年都会对世界各国安全风险系数进行评估，并制作风险地图使其更为直观，公民在外交和联邦事务部及驻外使领馆网站都可以获取相关信息。

3. 与警方合作

英国外交和联邦事务部虽然是负责英国海外突发事件的主要部门，但并没有忽略与警察局的合作。在长期的实践工作中，英国外交和联邦事务部与英国警察局签订了协议，加强信息互通。海外英国公民既可以从英国驻外使领馆获取相关领事事件信息，也可以从警察局获取，如此一来，实现了信息的互通，给公民带来了极大便利。

（二）国内方面

在具体应对危机的过程中，英国政府危机管理机制具体表现为以下三个特点。

第一，预警系统完备、防范及时。风险评估、灾难预防、准备应对、应急处理、灾后恢复是英国危机管理的五个部分。当灾难真正来临时进行应急处理只作为危机管理的一部分内容。在危机发生之前，预防危机发生才是关键问题。英国政府要求各组织部门在日常工作体系中体现出危机管理内容，提升忧患意识，尽可能减少灾难造成的损失，政府要求各职能部门经常进行必要的培训和危机处理演习，做好充分的准备，以防危机的发生。如在预测到近日可能发生的恶劣天气后，气象预警系统可以在短时间内分时段通过电台、电视台和互联网向英国各个区域提供极端天气预报，然后向民众传达：一是借助媒体告知，二是启动民用紧急服务系统；三是遇到特别严重的恶劣情况，需要政府请求部队支援时，气象预警系统还将告知国防部门，以便军队随时做好应急支援。英国高速公路局和铁路部门借助气象局预测的洪水热发地区分布图，来预测洪水可能发生的地点，并提前做好防护工作。高速公路局、铁路局以及地铁管理局目前也设法减少在道路两旁种植树木数量，防止恶劣天气来临时树木被吹倒，使交通受到阻碍。危机真正发生时，英国政府会启动所有预警应急处理机制，从陆海空三方面展开急救和支援。

核电能是英国电力资源的主要供应能源，预防核电泄漏是英国电力部门的首要任务，核电泄漏后果不堪设想，日本福岛核泄漏事件即是前车之鉴。为防止事故发生，英国原子能部门、电力部门均设立防止突发事故检测以及应急机构，机构内设系统的、专业的事故处理预案，并且设有与国际原子能机构以及环境和卫生保护部门的联防互援机制。目前，放射性物质在医药研究以及现代工业应用方面使用更为广泛，为了防止放射性物质在运输和使用中有可能出现的泄漏事故，英国政府成立了放射能事故全国协调机构，这个机构负责向警察机关及其他紧急救援机构提供专业的技术支援。英国地方各级政府为了应对突发危机事件，也建立了相应的组织机构。英国首都伦敦市政府建立了"紧急规划长官"负责的紧急规划机构，紧急规划机构在无危机时负责伦敦地区危机预警、制定危机处理工作计划、举行危机应对应急训练。在危机发生之后，"紧急规划长官"有权力协调政府及社会各个部门，也有权力向国防部、卫生部等政府机构请求人力或技术支持。

第二，应急体系分工明确、防范措施细致入微。英国政府处理突发危机事件的重要原则是：突发危机事件发生后，通常由危机发生所在地地方政府处理，不过多依赖国家政府。地方各级政府都有独立的危机处理机构，可以就近快捷地救援灾害中的伤者、阻止事态扩大，这个原则对危机处理效果相对较佳。"紧急规划长官"在其中发挥着重要的作用。英国政府应对突发公共危机事件，不主张某个部门单打独斗，强调政府各个机构间协同作战。为了更好地协调政府间各机构的紧急应对工作，英国政府还设立了非军事意外事件秘书处，将此作为内阁办公室的一部分。非军事意外事件秘书处具体负责协调政府各个部门、非政府各个部门以及志愿者的紧急救援工作，并且负责与首相沟通，将危机进展情况随时向首相汇报。除了非军事意外事件秘书处之外，英国还专门设立了一个非军事意外事件委员会，委员会主席由内政大臣担任。非军事意外事件委员会与非军事意外事件秘书处是协同作战的关系。英国政府在民间也设立一些危机应急组织，如民间紧急事件计划协会，就是一家可以参与任何形式的突发危机事件的专业性部门，民间紧急事件计划协会现有会员 1400 多名，来自不同行业。提到英国的食品安全问题，人们很容易想到疯牛病，疯牛病的发作及危害使人们谈之色变。为了防范疯牛病的再次暴发，英国政府非常重视管理畜牧业生产和销售的各个环节，在其他食品行业也是如此，建立了严密的食品安全"一条龙监督控制机制"。英国民众在市场上无论购买哪种食品，如果发现有问题都可以进行投诉，市场监督管理者能够通过互联网迅速查找到问题食品的来源。这样的食品安全监督管理系统，能够很好地保障英国的食品安全。在英国，食品从生产到销售，各个环节都有监督管理人员严格监督，如有问题食品流通到超市，将追根溯源，相关部门将予以严厉惩罚。为应对突发疫情事件，英国政府成立了英国卫生保护局，卫生保护局的主要职责为：调查、监测全国范围内传染病疫情的发生情况；对各地地方卫生部门对传染病的防治予以技术支持；为环境部门研究疫情的控制提供各种数据；为突发传染病疫情做出控制及治疗规划；通过媒体向民众披露疫情发展情况；研制疫苗等。卫生保护局的设立，对英国有效应对和防治传染性疾病等各类突发卫生事件起到了一定的保障作用。

第三，政府重视与媒体的协作，民众的人心稳定。媒体在处理突发危机事件中起着相当重要的作用，政府如果运用媒体得当，就能够取得巨大的社会效应。英国政府充分认识到，在新闻业和互联网非常发达的今天，如果发生灾难时不能及时向新闻媒体提供权威信息，媒体就可能根据一些道听途说的消息来源进行报道，错误的信息容易引起民众的误解，也可能造成民众的恐慌，不仅妨碍政府对危机事件的应急处理，甚至可能危及公民安全。而如果处理得当，媒体将对安抚公众情绪、向公众传达安全指导信息和政府政策起到非常积极的作用。恰当应对媒体是危机管理中一个重要部分。因此，英国政府非常重视在处理突发公共事件中政府与媒体的协作关系，要求危机应急处理机构不可忽视媒体，尤其要重视互联网络平台，平时就应该经常把配合媒体作为一项任务进行讨论和演习，在各个职能部门，都应该安排受过专业训练的媒体人负责媒体业务，训练每个员工如何与媒体应答。一旦突发公共事件不幸发生，相关职能部门应及时与媒体取得联系，披露灾情情况，防止传谣信谣，造成民众的更大恐慌，防止突发事件被敌对势力利用，引起社会骚乱与动荡。

三、韩国

韩国政府在构建、完善应急管理体系和强化社会疏导方面，提供了一些有益经验可资借鉴。

韩国应急管理体系的建构。韩国应急管理体系主要指在韩国政府组织体系中履行安全管理和防灾职能的机构设置。设有中央安全管理委员会和中央灾难安全对策本部，强化重大灾难安全事故中的统筹、协调和指挥能力。"疾病管理本部"（KCDC），是韩国公共卫生预警和应对体系的"控制塔"，发挥着核心的作用。2015 年，中东呼吸综合征（MERS）在韩国暴发后，韩国国会举行有关改善传染病管理体系的党政会议，决定今后韩国发生传染病疫情时，疾病管理本部将成为"管制中心"，全面负责防疫工作。在新传染病流入韩国时启动疾病管理本部长下属紧急状况室，24 小时予以应对。之后，为了提高防控传染病的指挥机构的地位，疾病管理本部从原来的"室长"级提升至"副部长"级，隶属于保健福祉部。自 2015 年起，韩国执政党和政府增设防疫职能，每年选拔流行病学调查人员配合工作。同时要求大型综合医院常年保持一定数量负压隔离病床。

新冠疫情暴发后韩国应急管理体系的强化。韩国在新冠疫情暴发的初期阶段防控较有成效。但 2 月 18 日第 31 例患者的出现，成为韩国防控新冠肺炎疫情的分水岭，防疫形势急转直下，大邱和庆北地区以新天地教会会员为中心的集体感染人数迅速攀升，2 月 26 日新增病例达到每天 946 例的高峰，新增病例中与新天地大邱教会及清道郡大南医院有关的占比达 68.8%。韩国防疫重心逐渐转移到防控社区感染方面，面对新形势韩国政府立即完善并升级原来的相关应急管理体系。

一是积极构建中央到地方的协同指挥系统。2 月 23 日韩国政府正式发布新冠疫情最高级别"严重"预警，首次由国务总理丁世均担任"中央灾难安全对策本部"的本部长，成立了以"中央灾难安全对策本部"为指挥中心的全国防疫体系；在中央，以"中央应急处理本部"（由保健福祉部长官担任本部长）、"政府支援本部"（由行政安全部长官担任本部长）共同协调管理；在地方，以各地区"灾难安全对策本部"为基本盘。韩国国务总理、中央灾难安全对策本部长丁世均于 2 月 25 日抵达大邱，坐镇指挥抗击新冠疫情的工作。

二是"查病源、重隔离、多检测"的防疫思路清晰、措施得当。针对大邱和庆北地区的疫情，文在寅总统指示采取"最大程度的封锁"措施并非封堵该地区，而是最大限度阻断疫情扩散。对新天地教会的会员进行大规模筛查，对确诊者和疑似病例实行隔离，要求疫区入境人员设置手机自我诊断系统 App，每天上传自己的体温情况，进行自我管理，发现异常可及时与诊疗中心联系。韩国政府开发了一种带有 GPS 功能的 App 来管理（隔离人员）。这些人一旦踏出家门，系统就会自动报警。仿效中国的"方舱医院"，韩国政府在大邱疫区的园区，用 45 个集装箱建造起集装箱医院，同时启用了军方机动医院紧急增援。为了收治更多患者，还增设了生活治疗中心，以便将轻症患者与普通人隔离。政府出台一系列相关的法律措施来确保防疫工作的推进。2 月 26 日，在国会全体会议上通过了《传染病预防法》《检疫法》《医疗法》三法部分修订案，统称"新冠三法"。

韩国在强化公共卫生危机预警方面的措施。公共卫生的危机预警也是传染病防治工作至关重要的一个环节。新冠疫情发生后，韩国媒体持续报道新冠疫情的进展情况。同时，加强对外部输入病例及扩散者的严格管理。韩国为了隔绝海外传染病源传入韩国国内，便通过手机的漫游服务信息来预防病毒等传染病源，对疫情危险国家的入境人员实行更全面的检疫体系。随着新冠疫情在全球扩散，韩国外交部历史上第一次宣布，从 3 月 19 日起，将面向以往未发布旅行预警的所有国家和地区发布一级旅行预警。自 19 日零时起将特别入境检疫程序的适用范围扩大至所有国家和地区，由此入境韩国的所有人员都要接受特别检疫。入境人员须提供在韩居留住址、联系电话，并在手机上安装报告个人健康状况的自诊 App，如果连续两天以上报告相关症状，卫生站将判断是否属于疑似病例并指引病毒检测。

　　韩国政府在规范、引导和服务中注重社会疏导能力的发挥。所谓社会疏导能力指有目的地运用社会力量对已出现的社会不满情绪予以疏通、引导和排解，抑制这种不满情绪的滋长和积累，从而避免灾难性冲突出现，保证社会运行安全。韩国政府在抗疫战争中非常注重社会疏导能力的发挥，取得了显著效果。首先，信息透明公开，操作规范，避免了民众的恐慌情绪蔓延。韩国政府充分尊重公众知情权，韩国中央防疫对策本部每天两次通报最新疫情，推出抗击新冠疫情专用网站，公布各种政策信息、数据信息、管理措施、注意事项等，及时向国民传递信息。其次，对民众进行全方位的"轰炸式宣传"，积极引导民众合作抗疫。比如，大邱新天地教会事件出现后，政府、新闻媒体等都纷纷宣传。最后，实行惠民政策，凸显服务精神。韩国政府对大邱采取特别支援措施，包括财政支持、军队支持、警察和医务人员支持等，对稳定灾区的民众情绪起到了至关重要的作用。韩国总统文在寅于3月15日宣布，将疫情严重地大邱、庆尚北道设定为"特别灾难区"，这是韩国首次因传染病而设定灾难区。根据相关法律规定，当某区域被划定为"特别灾难区"，需要调查受损情况并制订重建计划，由政府承担50%的恢复建设成本；在住房、电费、医疗保险费等民生领域也将进行补贴或减免。韩国首尔市为因新冠疫情而直接受到冲击的市民提供"灾难紧急生活费"。

　　对于积极参与防疫工作的民众，韩国政府也采取了多种方法提供服务和支持。比如指定几处公共销售机构售卖口罩，每天将向这些销售场所提供500万个口罩供消费者购买。因疫情接受隔离的家庭可以申请补助，住院或隔离并且没有带薪休假费的，就可以申请。由于韩国政府政策的无差别对待，无论是本国人还是外国人，都提供免费治疗，提供隔离补助，让很多人心里有底，不会慌乱。对于 2 月底之前入境的留学生，入境后听从学校安排，在学校统一隔离 14 天，期间由学校提供伙食、住宿，统一消毒管理。

综上所述，韩国政府在这场抗击新冠疫情的战争中，充分发挥了韩国完善的危机预警机制和应急管理体系的制度优势，在规范、引导和服务中很好地发挥了社会疏导能力并取得了明显效果。

四、日本应急管理体系

日本受地理环境影响，火山、地震、台风、洪水、地质灾害等自然灾害频发，日本国民及政府具有强烈的防灾减灾及应急管理意识。日本政府的防灾对策及应急管理体系的构建，也是一个历史的动态过程，是随着突发事件的频繁出现逐渐完善起来的。日本的防灾对策及应急管理体系具有防灾对策体系系统完备、应急管理体系高效完善等特点。我国应充分借鉴日本的防灾与应急管理机制，建立强有力的应急管理组织体系，完善应急法律法规的制定，充分发挥新闻媒体的积极作用，加大防灾、减灾以及应急管理教育的力度，力求建立起完善的防灾与应急管理体系。

（一）日本防灾对策体系

防灾法律体系。日本是世界上较早制定防灾法律的国家，已形成庞大系统的防灾法律体系。日本防灾法律按内容与性质可划分为基本法、灾害预防相关法、灾害应急对策相关法、灾后的重建、复兴、财政金融措施相关法、组织相关法等五类，由 67 部法律构成（截至 2017 年 3 月）。其中基本法 11 部、灾害预防相关法 20 部、灾害应急对策相关法 4 部、灾后的重建、复兴、财政金融措施相关法 27 部、组织相关法 5 部。这 67 部法律中，《灾害对策基本法》为日本防灾、灾害应急管理"总法"，是日本防灾法律法规的"宪法"，是日本防灾与应急管理系统全局纲领性法律，其他防灾与应急管理法律法规均在这部"宪法"基础上展开，如火山、地震、洪水、雪灾、火灾等多个灾种灾害应对法律法规。该法根据灾害预防、灾害应对、灾后重建等防灾与应急管理的不同阶段，制定了丰富的内容，形成一个庞大的防灾与应急管理法律法规体系。

防灾组织体系。20 世纪 60 年代以来，日本建立了从中央到地方相对完整的防灾组织体系，在应对突发事件时发挥了重要作用。根据"灾害对策基本法"，日本内阁府设立了由内阁总理大臣担任会长的"中央防灾会议"，委员包括全体内阁大臣，作为国家防灾与应急管理最高权力机构。同时设置防灾担当大臣，负责审议防灾与应急管理重大事项，组织制定政策和对策，综合协调政府各部门抢险救灾工作。与"中央防灾会议"相类似，日本各都道府县及市町村设立"地方防灾会议"，负责地区防灾计划的制订、审议与防灾相关的重要事项。同时设立"非常灾害对策本部"及"紧急灾害对策本部"以应对灾害发生时的一切应急管理事项，并可要求上级机关派遣相关工作人员予以协助。

（二）应急管理体系

防灾计划。日本"灾害对策基本法"要求建立综合型灾害预防体制，规定制定防灾计划阶段实施的责任主体的作用和权限，各级行政机关要制定并实施各自的防灾计划，必要时予以协调合作，居民也要自发参加防灾计划工作。日本防灾计划体系由中央防灾会议制订的防灾基本计划、指定行政机关制订的防灾业务计划、指定公共机关制订的防灾业务计划、都道府县防灾会议及协议会制订的都道府县地域防灾计划和都道府县间协议防灾计划、市町村防灾会议及协议会制订的市町村地域防灾计划和市町村间协议防灾计划共七类防灾计划组成。日本防灾计划覆盖内阁府、各中央部委、各省级行政单位、各市镇村等地方行政单位，形成"由上到下，层层负责"的防灾计划体系。

灾害预防。一是整顿防灾机构；二是实施防灾教育；三是进行防灾训练；四是储备防灾物资及器材；五是制定相互支援措施；六是制定与提供物资的企业的合作方式；七是设定紧急避难场所；八是制作需要救援人员名册。

灾害应急对策，情报收集和汇总。日本首先建立了完善的应急信息化基础设施，并在长期应急实践中，积累了利用现代信息技术实现高效应急管理经验。通过应用各种先进信息通信技术，构筑起了高效、严密、适合本国国情的应急信息化体系。灾害发生后，中央和各级地方政府、情报机构、新闻媒体立刻开始收集、汇总情报，全面掌握灾情，并将有关信息及时传达给各级行政机构，并对民众发出警告，及时通报受灾情况及受灾人数。各地方行政机构必须向民众发出避难指示，同时可优先利用通信设备。日本建立了较健全的防灾预警预报机制，能在重大灾害发生时及时发布预报和警报，及时形成政府、社会团体、企业、志愿者和受灾民众等多种主体共同行动的防灾救灾应急机制，最大限度地减轻灾害造成的损失。根据《灾害对策基本法》，灾害发生后，国家成立由内阁防灾大臣任本部长的"中央灾害对策本部"，受灾地区的各级政府立即成立"地区灾害对策本部"，启动全国性应急指挥系统。同时，除投入自卫队参与救援外，日本各都道府县警察总部派出紧急救援队，各市町村派出消防总部和消防团、灾害紧急消防救援队等参与救援。应急救援志愿者团队必须等候各地方行政机构通知，才能准确投入到最需要救援的地方。日本应急设施齐备，学校、公园、市民会馆、体育馆等处设立了众多应急避难场所，并在街道旁设置统一、易识别的"避难场所指示标志"，便于指引公众迅速、准确到达避难场所。地震发生后，如果短时间避难，受灾民众就去附近公园。如果长期避难，就去附近学校、市民会馆或体育馆等暖和的场所。受灾群众必须考虑分散安置，过分集中会导致局部环境卫生条件下降，易引发传染病。日本建立了完善的应急物资储备和定期轮换制度，各级政府和地方公共团体预先设定好救灾物资储备点，以保障受灾民众的灾后生活。同时日本还根据不同用途和需要，研制出数百种防灾减灾用品，为避难者提供帮助。

灾后恢复重建对策和规划。日本健全的灾后重建恢复法律法规体系为灾后恢复重建提供了法律保障和依据，使日本灾后恢复重建工作能有条不紊地进行。根据《灾害对策基本法》，各地方政府必须在灾后制订受灾地区重建规划，统筹协调，积极推进地区灾后重建科学规划。此举不仅有利于灾区的恢复重建，也可知道灾区的产业空间布局。日本政府每年拨出大量财政预算进行灾后恢复重建。日本《灾害对策基本法》明确规定中央和地方政府有针对灾后恢复重建的经费支出义务，同时规定与其相关的财政金融支持政策措施。日本灾后恢复重建中，首先开展对灾后恢复重建的风险评估，对各项工作细致检查，全面总结经验教训并改善薄弱环节，全面建立较完善的灾后恢复重建能力的风险评价指标体系。目前在国际范围内应对灾后环境的恢复与重建，各国多采取推倒重建或另寻他处重建方式。然而，该类重建方式只针对基础设施而非针对环境重建。日本自"阪神大地震""东日本大地震"灾后恢复重建以来，环境省、农林水产省等多个政府部门推行的是被称之为"环境恢复之路"的环境重建措施。日本恢复的不仅是基础设施，还包括自然和人文的人类生存大环境，体现了人类对自然的敬畏以及与环境和谐共存的最大诉求。

第三节　借鉴国外先进经验与时俱进

应急管理是国家治理体系和治理能力的重要组成部分，承担防范化解重大安全风险、及时应对处置各类灾害事故的重要职责，担负保护人民群众生命财产安全和维护社会稳定的重要使命。要发挥我国应急管理体系的特色和优势，借鉴国外应急管理有益做法，积极推进我国应急管理体系和能力现代化。新冠疫情是传播速度快、感染范围广、防控难度大的一次重大突发公共卫生事件。在这次应对疫情中，暴露出我国在重大疫情防控体制机制、公共卫生应急管理体系等方面存在明显短板。为此，需要在全球视野之下，健全我国应急管理体系和国家公共卫生应急管理体系。

一、健全国家应急管理体系

不断完善预警机制。中国有句古话，叫作"防患于未然""未雨绸缪"。这是人类长期在生存和发展中经验的总结。对于突发事件情报的收集、预测、分析、判断显得尤为重要。西方发达国家非常重视预警体系方面的建设。它们经过多年的实践探索，构建起了较为完善的突发事件预警机制。而且根据各类突发事件性质、特征的不同建立专项监测预警体系。根据专业性要求，配备监测仪器、专家人员、工程技术人员、设备及其技术手段等，对可能将要发生的或者已经发生的突发事件进行评估预测分析。在这方面，美国走在了各国的前列。尤其是在"9·11"事件发生后，美国把突发事件作为反恐内容来对待，在平时就设有负责预报和监测公共卫生突发事件的"公共卫生突发事件监测网络"，保证及时了解全国各地的公共卫生突发事件发生发展情况，并建立了"伙伴关系网"以应对突发事件爆发和蔓延。英国的公共卫生监测防范网非常发达。尤其是英国政府在应对疯牛病、口蹄疫等突发卫生事件中积累了丰富的实战经验，形成了自己独特的应对突发事件的机制和网络。该机制主要由中央和地方两大部分组成。中央一级主要负责信息分析判断、制定政策、协调指挥等；地方分支机构是整个突发事件监测网的基本单元，主要负责突发事件的早发现、早报告、及时跟踪和后续善后安抚等。法国早在1998年就成立了国家卫生监测研究所，并在全国建立37个国家传染病防治中心负责监测和报告工作，后来又扩大到多个类别的突发公共事件等领域。

处理机构专门化。设立专门的突发事件应急处理机构进行综合指挥、协调、决策是国际上通用的惯例和经验，加强专门机构建设已经成为国际社会应对各种突发公共事件的主要动作。有的国家建立了中央指挥中枢机构（系统），比如，美国国家安全委员会、以色列国家安全委员会、俄国联邦安全会议、韩国国家安全保障会议等；有的是建立了常设性危机管理的综合协调部门，比如，美国于1979年成立的联邦紧急救援总署（FEMA）分布于美国各地，俄罗斯于1990年成立了突发事件国家委员会，1994年改为突发事件部。美国在1979年以前并没正式突发事件处理编制，如遇重大突发事件，比如重大灾害多靠军方协助，缺乏全国性救灾统筹计划，从中央到地方经常各自行动，互不协调，整体效能不易发挥，部分组织功能重叠，甚至有相互冲突的情形发生。1976年民主党的卡特竞选总统时，提出多项联邦政府机构改组或合并主张，当选后正式向国会提议成立"联邦突发事件管理总署",专门处理灾害预防、整备、应变及善后复原,1979 年 FEMA 正式成立,总部设在华盛顿特区,全国设有 10 个地区分区,属于政府机构序列,其署长向总统负责并报告工作。FEMA 编制共有 2600 名全职人员,工作在华盛顿总部、各地区分部。FEMA 的职责是保证维护公民的生命财产安全,减少损失,保护重要基础设施等。FEMA 处理范围很广,包括了斯坦福特法案中所定义的所有突发事件,并下设了以下 8 个机构。在俄罗斯,总统在中枢指挥系统发挥着决定性的作用。一切手段及其反恐力量均在总统的领导下,联邦的权力执行机关依据俄联邦法律及其他法规在自己的职权范围内参与反恐等应急行动。在日本,内阁首相为最高指挥官,内阁官房来负责总体协调、各个部门予以配合的组织体系。在这一体系中,根据事件种类的不同,启动的事件管理部门也不尽相同。加拿大自 1948 年成立联邦民防组织,到 1966 年,其工作范围已延伸到平时的应急救灾。

应急处理法治化。法治,是人类社会发展进步的重要指标。法律,是治国理政最大、最重要的规矩。治理一个国家,管理一个社会,关键是要立规矩、讲规矩、守规矩。为提高危机应急行动的速度,保证应急行动的效果,世界各国尤其是发达国家都十分重视应急法治化建设。经过多年实践探索,美国已经形成了较为完善的应急法律体系。1950 年,美国就制定了第一个突发事件应对法《灾害救助和紧急援助法》。1976 年,美国国会通过第二部应对突发公共事件的法律《全国紧急状态法》。2001 年 9 月 18 日,为纪念"9·11"事件,颁布实施《2001 年紧急补充拨款法》和《使用军事力量授权法》,紧接着制定了《空中运输安全和体系动员法》《航空运输安全法》《提高边境安全和完善入境签证法》《公共卫生安全和生物恐怖威胁防止和应急法》《恐怖主义风险保险法》等。2002 年 11 月颁布实施《国土安全法》，设立国土安全部，重新组建突发事件应对的应急反恐系统。日本也是世界上较早制定灾害应急管理法律法规的国家。1880年，日本就制定颁布了《备荒储备法》，通过立法确保在灾害饥荒来临的时候有足够的粮食和物资供给。英国关于应急管理方面的法律多达30部。英国第一部统一的紧急状态法是2004年1月英国下议院通过实施的《国内紧急状态法案》。紧接着，英国制定了一批有关应急管理的法律规范，使得英国的应急法律规范能够相互协调、自成体系。法国早在1830年宪法中就规定了紧急状态制度，不但对政府的行政紧急权力作了明确的界定，而且还详细规定了在紧急状态下政府与民众的关系问题。

重视应急文化建设。西方发达国家历来都非常重视应急法律文化建设。例如，美国非常重视通过专业培训机构对应急从业人员进行正规的培训，通过加强社会舆论的宣传强化民众的应急意识。美国在全国各州、市、郡都设有培训中心或者培训基地，这些专业培训机构同时是对外开放的，可以为社会服务，对企业、社会组织和个人提供商业性的应急培训。但是，美国强制性要求应急从业人员必须每年都得参加应急相关培训，提高突发事件的应对能力。德国主要从三个层次入手来加强应急文化建设。一是针对不同岗位的工作人员进行专业系统的培训；二是对社会组织的应急志愿团体和个人开展应急培训；三是对公民个人进行应急知识培训。日本非常重视应急防御教育和宣传培训工作。目前，在日本全国，已经形成了良好的突发事件应对和灾后安抚以及重建的应急文化氛围。

二、健全国家公共卫生应急管理体系

随着经济社会不断发展，国际交流与合作日益频繁，如何构建高效、统一的突发公共卫生事件应急管理体系，成为国内外共同关注的问题。在联防联控机制下，我国新冠疫情防控形势持续向好，但在应对疫情过程中也暴露出一些短板，如医疗物资等战略储备不足，公共卫生法治体系和应急响应机制有待进一步完善等问题。在疫情防控初期，部分人群对疫情防控举措不理解，产生疏于防范的心态；部分人群缺乏对疫情有效防范的知识和手段，产生恐慌心理，这些都加大了疫情传播的风险。从国外经验看，应急管理的推进主要由事件引导。从这个角度说，应急管理"没有最好，只有更好"。据此，做好公共卫生事件应急管理，非一时之功，需要日常及时排查小隐患，把风险控制在较低水平。这样疫情来临时，才会做到临危不乱，有条不紊。当前新冠疫情下各国的防治工作充分说明，公共卫生应急管理体系在国家治理体系中具有特殊重要的地位和作用，迫切需要健全和完善。为此，需以体制机制创新完善为着力点，不断健全国家公共卫生应急管理体系。

（一）巩固完善公共卫生应急管理体制

坚持统一领导，综合协调。一是坚持党委领导，政府负责。公共卫生应急管理工作必须坚持党的集中统一领导，强化党总揽全局、协调各方的领导核心作用，充分发挥党的强大组织力、号召力和动员力。二是加强综合协调，统筹各方力量。在重大疫情应对过程中，可探索建立各级党委政府应急管理委员会模式，提升其办事机构在议事协调工作中的权威性和话语权，真正发挥运转"神经中枢"作用，统筹协调疫情救治和社会面防控工作。明确卫生健康、应急管理与公安等部门之间的重大事项统筹协调原则与路径，形成专业部门牵头协调、相关部门积极配合、各司其职的良好局面。加强政府与社会力量的统筹协调，明确政府领导下社会力量有序参与公共卫生应急工作的渠道。

　　坚持防治结合，平战结合。公共卫生应急管理工作涉及事项链条长、环节多，体现了疾病预防控制体系和重大疫情防控救治体系的高度统一，必须坚持平时预防与战时救治的有机结合。一是加强公共卫生队伍梯队建设。通过梯队化的队伍体系建设，推动公共卫生"防—控—救"各环节的有机结合。加大基层公共卫生防控队伍建设，通过出台优惠政策，鼓励更多公共卫生服务人才充实到乡镇卫生院和农村、社区卫生服务中心或服务站，提高基层一线的疾病发现能力。加强各级疾病预防控制中心专业人才队伍建设，提升公共卫生专业人员比重，提高疾控部门的疾病预防控制能力。加强各级医疗机构全科医生队伍体系建设，鼓励有条件的医院等单位组建公共卫生应急兼职队伍，全面提升医疗机构的卫生应急能力。二是提高卫生应急快速转换能力。提升基层卫生服务机构的传染病疫情初筛初诊能力，战时能够第一时间盘活基层医疗资源。适当提高传染病防治专业医院的常规收治能力，注重大型医疗机构的战时扩容能力建设，真正做到"有急能应"。按照病情严重程度快速实现传染病疫情治疗分级导流，减轻大型医疗机构接诊负担，做到全社会医疗资源战时利用效能最大化。强化军地协同联动，通过建设野战医院、方舱医院等模式，提升战时军队医疗卫生力量的支援力度。

　　坚持属地管理为主。突发公共卫生事件传播蔓延速度快，对第一响应的要求高，因此必须坚持属地管理为主的原则，充分发挥地方的主体作用。一方面，地方政府应敢于担当、勇于作为。特别是在疫情初期各方面信息不甚明了的情况下，应真正把人民群众生命安全和身体健康放在第一位，果断决策，及时采取有效预警和防控措施，防止疫情蔓延。另一方面，应通过制度化建设，明确县级以上地方政府的决策权限和责任边界。

进一步明确重大事项的决策程序和授权依据，建立重大决策事项豁免机制，为地方政府决策提供一定的冗余度。同时，需进一步明确中央与地方政府、属地各级政府间的领导指挥关系和事权划分原则。

坚持社会协同，公众参与。公共卫生应急管理需要全社会力量共同参与、群策群力、群防群治。社会协同方面，坚持社会多元参与，积极引导、吸纳社会力量和有关企事业单位参与公共卫生应急和防控工作。拓宽关键防护物资和防控用品的社会供给渠道，并建立合理的征用补偿机制。大力发展公共卫生领域的志愿者组织和社会专业救治力量，提升社区和村级组织的公共卫生风险感知能力与卫生防护能力，织密织牢公共卫生风险防控的第一道防线。公众参与方面，加大公共卫生和应急知识宣传教育力度，切实提升公众自我防护能力。鼓励广大群众积极参与疫情防控相关的社区便民服务、心理服务、通勤服务、宣传服务等活动。出台激励政策，给予志愿者必要的补偿并提供必要的保险服务，切实维护志愿者的合法权益。

（二）优化创新公共卫生应急管理机制

健全公共卫生重大风险预防机制。预防是最经济最有效的健康策略。一是推动建立"零级预防"机制。通过出台有关政策和采取有效措施，防止可能引发重大公共卫生事件的风险因子出现或输入，实现公共卫生应急工作的"关口再前移"。例如，尽快完善制度，坚决取缔"野味产业"，从源头上堵住漏洞，避免出现重大公共卫生风险。二是完善公共卫生重大风险科学评估机制。以疫情信息数据为关键抓手，以事实为依据，以数据为支撑，科学开展公共卫生风险评估。完善卫生防疫专业人员和临床医务人员参与风险评估的渠道和机制，充分发挥专家作用，切实提高疫情风险研判会商的科学性。三是健全公共卫生重大风险管控机制。对于研判发现的公共卫生重大风险，要果断采取有效的预防控制措施。尤其是要进一步完善前端公共卫生风险预防控制工作与后端医疗救治工作之间的衔接机制，确保公共卫生风险始终处于可知可控状态。同时，充分发挥传染病疫情和突发公共卫生事件网络直报系统的作用，为国家层面及时采取有效干预措施提供及时准确的一手信息。

健全突发公共卫生事件预警发布机制。首先，明确预警发布的时机和条件。建立基于风险预判的预警发布机制，明确"发布预警"并不等同于"发布疫情"的科学理念。区分已知传染病和新发传染病疫情，制定差异化的预警发布规则，后者在发布预警时应在科学研判的基础上，更多关注疫情大面积暴发的可能性，及时有效捕获预警信息并进行发布，为疫情防控工作抢得先机。其次，强化公众风险沟通。预警信息发布后，及时通过各种媒体渠道加大宣传力度，使广大公众充分知晓疫情可能带来的风险，并提前做好防护措施和应急准备。最后，突出各部门预警行动的同步性。进一步明确卫生健康部门、医疗卫生机构以及其他相关部门和单位在预警发布后的统一行动要求，避免各自为政，形成防控合力。

健全重大疫情应急响应机制。一是细化先期处置措施。要抓住疫情传播最初的宝贵窗口期，利用优势医疗资源和社会治理资源打"歼灭战"。一方面，切实细化重大疫情早期医疗处置的各项措施，早发现、早报告、早隔离、早诊断、早治疗。另一方面，在早期的病例监测、流行病学调查、社区隔离等环节上下功夫，尽快控制传染源，阻断传染链条，力争将疫情扼杀在萌芽阶段。二是健全科研、防控、临床协同机制。重大新发疫情应急救治难度大，专业性强，可供借鉴的现成经验不多，必须将科技研发和疫情防控、临床治疗有机结合起来，提高科研成果的临床转化能力。

建立重大疫情期间检测试剂、病毒溯源、抗病毒药物筛选和疫苗研发等方面的绿色通道机制，确保资金、设备和科研人员及时到位，最大限度加快科研开发进度。规范有效药物和有效治疗方法的临床验证和运用机制，完善重大疫情防控规范和临床救治管理办法，科学有序推进各项研发、应用和治疗工作。三是完善指挥决策机制。进一步优化完善各级预案中的突发公共卫生应急事件应急指挥架构，明确指挥机构的统一指挥决策权限，厘清各部门之间、各层级之间的领导指挥决策关系和职责边界，分清救治层面专业指挥与全局层面行政指挥之间的关系。建立科学的应急决策程序，重视数据信息的支撑作用，充分发挥专家组的决策智囊作用，提高紧急情况下的决策效能，做到指令清晰、系统有序、条块畅达、执行有力。四是完善疫情信息公开机制。建立统一的疫情统计和疫情发布标准，充分利用各种媒体和渠道，及时公开发布疫情防控信息。加强正面宣传，有效引导社会舆论，增强社会凝聚力。加大疫情防护知识的宣传力度，引导公众正确理性看待疫情。

健全公共卫生应急保障支撑体系。充足的应急保障和先进的科技支撑体系是打赢重大疫情防控阻击战的坚实保证。一是健全公共卫生应急物资保障体系。科学规划公共卫生应急物资储备体系，及时动态调整物资品类和数量，优化实物储备、技术储备和产能储备的配置结构。明确政府对重点医疗防护物资的财政补贴和兜底收购政策，充分发挥企业积极性，实施必要的生产能力扩能改造，切实提高口罩、防护服、消毒设备、试剂以及药品、医疗器械等关键防疫和医疗物资的战时集中生产能力。及时将符合条件的重点防疫物资增列到国家储备物资目录，优化重要物资布局，健全国家储备体系。二是强化公共卫生应急科技支撑。加大传染病疫情初期诊疗技术研发力度，提高疫情识别、研判和预警发布的科技化、信息化水平。大力支持疫情防控和紧急救治一线技术创新，提高战时科研攻关能力，最大限度缩短关键核心技术的突破周期。充分运用大数据、互联网＋、云计算、人工智能等先进技术手段，提升疫情防控工作的智能化、精准化水平。积极开展疫情防控国际科研合作，在病毒检测、疫苗研发等方面共享关键信息，携手应对重大疫情。

第九章 共建"一带一路"国家风险与挑战应对措施

第一节 推动"一带一路"民间应急管理机构形成合力

非政府组织的概念源于英语"Non-governmental Organization",简称NGO。根据我国《社团登记管理条例》《民办非企业单位等登记管理条例》和《基金会管理条例》规定,我国通常所说的非政府组织主要分为三类:社会团体、民办非企业单位和基金会。按照以上相关规定,社会团体是指:"中国公民自愿组成的,为实现社会成员共同意愿,按照其章程开展活动的非营利性社会组织",民办非企业单位是指:"企事业单位、社会团体和其他社会力量及公民个人利用非国有资产举办的,从事非营利性社会服务活动的社会组织",基金会是指:"利用自然人、法人或者其他组织捐赠的财产,以从事公益事业为目的,按照本条例的规定成立的非营利性法人"。改革开放以来,我国政府职能转变和社会体制改革不断推进,越来越多的非政府组织涌现出来,它们在教育、医疗、文化、卫生、扶贫、环保等领域发挥着不可忽视的作用。为了适应环境的变化、拓展组织的职能、满足公众需求、解决资源困境,NGO走向联盟。从定义上讲,NGO

联盟是指由两个或两个以上倡导共同目标、理念和价值观的 NGO 为了抓住发展机遇，提升组织综合实力，实现共同愿景，结合彼此优势资源而建立的优势互补、风险共担、利益共享、共同发展的合作组织。虽然是由不同类型的多个 NGO 的联合形式，但是同样具有 NGO 的组织性、民间性、自治性、非营利性和志愿性等特征。在国际上开展活动的 NGO 联盟还具有跨国性、成员来源多元性和国际性等特征。NGO 联盟能够增进组织成员间的了解和认同，加强彼此联系，减少摩擦和误会，获得发展的资源和机会，也能够将提供相近产品和服务的 NGO 资源进行整合优化，避免重复建设，节省成本，提高资源利用效率。此外，NGO 联盟制定并实施内部统一规范，加强成员间的自律，使联盟持续健康发展，在行业内形成模范带动作用。在我国，环境保护、抗震救灾、扶贫开发等领域最早出现非政府组织间的联合行动，它们结成"联合体""合作网络""伙伴""联盟"等关系，为完成共同倡议的项目，互相分享信息、经验、知识，最终取得成功。遗憾的是，随着项目的结束，非政府组织间的合作也随之结束，没有形成稳定的联盟。更有甚者，合作的结束导致非政府组织间的关系更加恶化，出现一系列相互"污名化"现象。按照国外非政府组织发展的历程，组成联盟是其发展的高级阶段。随着"一带一路"倡议的提出和实施，我国需要越来越多的 NGO 进行联盟，提升 NGO"走出去"的实力，以它们独特的传播方式与影响力为国家战略服务，担负起大国责任，塑造良好国家形象。

一、"一带一路"NGO 联盟参与的必然性

建设"新丝绸之路经济带"和"21 世纪海上丝绸之路"的战略构想，

强调相关各国要打造互利共赢的"利益共同体"和共同发展繁荣的"命运共同体"。2015 年 3 月 28 日，国家发改委、外交部、商务部联合发布了《推动共建丝绸之路经济带和 21 世纪海上丝绸之路的愿景与行动》倡议，提出推动沿线各国实现经济政策协调，开展更大范围、更高水平、更深层的区域合作，共同打造开放、包容、均衡、普惠的区域经济合作架构。"一带一路"倡议契合了沿线国家共同需求，提供了发展的新机遇，促进了我国"走出去"战略的深化和扩展。但是，还必须清醒认识到共建"一带一路"国家国情复杂、文化多样、地区争端和民族矛盾尖锐等问题，要与沿线各国政府、企业、NGO 和民众打交道，要跨越不同宗教、民族、国家、历史和文化障碍来深化彼此理解进而搭建友好合作桥梁。我国政府、企业、NGO 积极参与到这一过程中，更加重视和强调 NGO 在其中扮演的重要角色，发挥其独特的功用。中国 NGO 联盟将参与"一带一路"建设作为重要契机，推进社会组织"走出去"参与全球治理，协助政府和企业开展海外活动，促进自身的发展。

推进中国社会组织参与全球治理的必然选择。20 世纪 80 年代以后，全球化进程推动世界经济发展、科技进步和财富增长的同时，也带来世界贫富差距扩大、全球气候变暖、自然环境恶化和公共安全等诸多亟待解决的全球性问题。各国政府、国际组织、国际非政府组织、跨国公司等全球治理行为主体积极联合起来，寻求建立问题解决机制以有效应对这些全球性挑战，最终形成全球治理体系。其中，国际 NGO 是不可忽视的全球治理主体之一，它们以使命为先，正从传统的扶贫和人道救援，逐渐上升到对国际秩序和相应政治经济体系的制度设计、政策倡导和"压力团体"的角色，积极参与全球政治经济与社会事务的治理进程，促进世界的公共利益，发挥了政府、企业等不可替代的独特作用。然而，当前联合国系统具有咨商地位的 3000 多个国际非政府组织中，中国（含港、澳、台）已有 51 家社会组织拥有联合国经社理事会咨商地位，其中 3 家组织获得联合国经社理事会全面咨商地位，45 家组织获得特别咨商地位，还有 3 家组织获得列入名册的咨商地位。中国 NGO 在全球治理中发挥的作用和影响力极其有限，掌握的话语权不够，中国角色不强，影响到很多与我国发展密切相关的全球问题的解决。在这一背景下，中国各 NGO 有必要结为联盟，整合 NGO 优势资源，提升"走出去"的实力和影响力，在全球治理中发挥独特作用。"一带一路"倡议是我国外交战略的重要组成部分，也是中国参与全球治理战略的重要部分。战略的成功实施，不仅需要政府主导，还需要形成包括 NGO 联盟在内的其他多元主体共同参与的治理格局。

协助政府应急管理和企业海外工作的需要。"一带一路"建设过程中，政府、企业和非政府组织是主要合作主体，非政府组织扮演协助好政府和企业开展工作的角色。一方面，国际非政府组织在为主权国家政府的对外关系提供缓冲方面发挥着重要作用。它们在走出去的时候以国家的利益为核心价值取向，在行动中既包括对本国经济利益的维护、国家形象的塑造，也包括社会文化和价值理念的传播。同时，在我国提出"一带一路"建设背景下，非政府组织联盟以协助政府开展应急管理为工作重点。由于应急管理或发展合作是国家权力的组成部分及其维护国家利益的重要工具，所以，随着中国经济实力和国际地位的不断提升，传统的由政府主导的应急管理机制存在援助主体单一、管理方式不灵活、应急项目无法让基层民众受益、应急信息不透明等问题，已经不能适应发展需要。"一带一路"建设为推动中国的应急管理机制进行不断完善和做出相应的调整提供机会，通过鼓励非政府组织联盟加入进来配合政府开展应急工作，丰富了应急管理的形式，取得更好的应急效果。另一方面，由于非政府组织具有公益性、非营利性、志愿性等天然属性，从而也就更具亲和力，便于与沿线各国不同利益、观念的社会群体之间进行沟通和交流。在"一带一路"的建设过程中，将能够帮助中国投资赢得更广泛的社会和民间层面的认可。企业行为受到更多社会压力的谴责，它们也开始积极地寻找最有效的企业社会责任项目和利害相关者的管理策略，这种趋势使得非政府组织成为其跨部门合作的最佳伙伴。从国际经验来看，非政府组织在制定行业标准、推广责任理念、加强战略合作和开展国际交流等问题上促进企业社会责任建设，发挥着不可替代的作用。从中国近些年走出去的情况来看，因为忽视安全风险或者缺乏相应的应对措施，损失惨重的重点项目和企业也不少。中国企业对相对落后国家投资中，因当地的环保建设理念不同，导致水电站、矿山等开发遭遇当地百姓、非政府组织的抵制。中国与全球化智库在其出版的《中国企业国际化报告（2014）》中分析了中国海外投资"失败样本"后指出，中国部分对外直接投资企业在平衡投资目标国各种关系上存在较严重的误区之一就是"不重视反对派、社会组织以及媒体的声音，尤其是社会组织的声音"。通过 NGO 联盟，可以提升 NGO 的影响力和活动能力，督促企业履行社会责任，树立企业正面形象。中国 NGO 组成联盟并通过参与"一带一路"建设走出国门，可以集中精力了解沿线不同国家的法律、政策、文化、社区、宗教等事务，加强与不同国家之间的交往、交流、理解和合作，增强信任度，为中国政府实施更有效的对外政策和中国企业的经济外交提供有力的支撑。

促进中国 NGO 联盟自身发展的需要。促进中国 NGO 联盟自身发展的需要资源依赖理论认为，组织必须获得资源生存下去，但没有组织能够自给自足，这就意味着若组织想获得资源就必须同环境中其他组织进行交换，从而产生了对环境的依赖。组织采取包括合并、兼并、合资、联盟、交叉董事会等策略来处理相互依赖关系。NGO 在参与"一带一路"建设中，必须与组织外部环境中其他主体互动，获得发展所需的资源。NGO 结成联盟形式与政府和企业合作，在"一带一路"中形成多方合作格局，促进相互发展。通过与政府和企业的合作互动，NGO 联盟在完成组织使命的同时提升了组织业务能力和积累丰富的经验，获得发展所需的资源，例如参与政府和企业的合作项目，获得信息、资金和人才等。来自政府和企业的认同，还能够提升 NGO 联盟的合法性。在开展项目过程中，NGO 联盟需要深入沿线国家基层，能够提升项目效果和获得项目受众的信任和好评，进而树立良好国家和企业形象。最后，NGO 联盟"走出去"积极地与国际组织合作，共同开发和实施项目，深入研究合作伙伴的组织架构、运作方式、公益理念、项目管理以及财务管理等方面优势，并为自己所用。由于多国背景和全球视野的工作团队在执行国际任务时更容易适应环境、应对挑战，所以，NGO 联盟在"一带一路"建设中实施项目时提倡的理念和价值观，可以吸引具有海外留学或者工作背景的人才加入，提升联盟的全球战略眼光，紧跟国际前沿，提高知名度，在国际舞台上拥有话语权。

二、"一带一路"民间机构合力的战略及对策

我国 NGO 联盟正处于快速发展阶段，尝试探讨全球治理视角下中国 NGO 联盟在"一带一路"建设中的发展战略和具体对策，为 NGO 联盟走出去，参与全球事务治理提供参考，也有助于中国的全球治理理论和战略的制定和实施。

　　以需求为导向的分类优先发展战略。"一带一路"建设的主要任务是促进基础设施互联互通，提升经贸合作水平，拓展产业投资合作，深化能源资源合作，拓宽金融合作领域，密切人文交流合作，加强生态环境合作。在"一带一路"建设中，不少国际商会、行业协会甚至行业无国界组织在维护成员利益、制定标准方面具有重要作用，能够有效承接政府的某些职能。应优先推动应急管理、生态环境、教育、卫生、科学研究、文化和农业与农村发展类的社会组织参与"走出去"战略。因此，目前中国应当以"一带一路"建设需要为导向，尽快培植一些具有国际活动能力的 NGO 并结成联盟，使它们在参与国际救灾、动乱地区的人员转移、协助处理涉华经贸争端等国际活动中发挥积极作用。我国政府应贯彻"以需求为导向的分类优先发展战略"，将发展一批能够与国际接轨的各类 NGO 联盟。鼓励环保、反贫困项目以及反艾滋病等涉及全民利益的非政府组织成为全国性的、影响较大的 NGO 联盟走出国门，开展联合行动，使它们有机会在世界其他地区参与那些政府不便于出面或者无法出面的救援活动。NGO 联盟的分类发展战略，也有利于政府规范性管理和制定政策进行针对性的培育和扶持，为解决"一带一路"中各种困难提供更专业、系统和有效的援助，例如针对沿线国家的民族、宗教问题的研究，提供解决中国企业对投资国家或地区政策不清的专业化方案，以及加强与沿线国家政府、公众和 NGO 沟通交往从而赢得好感和声誉，创造良好环境。

　　以能力提升为目标的优化互补战略。"一带一路"建设的迅速展开，需要大量具有为企业和政府提供协助和服务的 NGO 加入，这要求 NGO 在短期内提升自身实力，能够提供相应的支持。组成联盟形式是最优选择，能够结合各 NGO 的优势形成合力。这就要求中国的 NGO 联盟建设应以国际上比较具有代表性的案例为模范，以能力提升为目的，将各成员组织拥有的资源进行整合、优化和互补，扩大自身的影响力。NGO 联盟处于高级阶段的欧美等国为我国 NGO 联盟的发展提供了借鉴和经验，可以选取其中发展良好、具有代表性的联盟作为参考，考虑中国的具体国情和政策需要，将能力提升作为终极目标，形成结构优化、运转良好、具有较强适应能力的联盟。随着我国国家政策向"一带一路"建设倾斜，越来越多的 NGO 被鼓励加入其中，通过实施以能力提升为目标的优化互补战略，将各类非政府组织根据自身特点和发展需要进行最优组合，使它们有效有序地参与"一带一路"建设之中，避免各自为战和资源浪费，形成集体行动的合力。

以提高满意度为目的的本土化战略。社会资本是社会主体间紧密联系的状态及其特征，表现为社会网络、规范、信任、权威和行动的共识以及社会道德等方面，是无形的，通过不同主体之间的合作进而提高社会效率和社会整合度。在"一带一路"建设中的 NGO 联盟需要深入沿线国家基层去开展活动，它们积极利用各类援助项目在目标国落户的机会与目标国搞好关系，与当地的居民、非政府组织之间进行互动，获得信任和认可，积累社会资本。实施本土化战略的目的在于鼓励这类组织扎根目标国，以开展项目形式与受益群体连成一片，高水平、高质量地将项目具体落实下去，获得受益群体的理解和接受，为下一步战略的展开打好基础。实施以高满意度为目的的本土化战略，一方面有利于 NGO 联盟追求质量，并脚踏实地地完成项目，在较长的时间周期中更好地了解服务对象，取得较好的服务效果；另一方面有利于在国外形成基于政府、企业和非政府部门三方合作的多维行动体系，三方相互帮助和支持，促进各自发展，最终达到提升国家形象、企业项目顺利开展和非政府部门自身发展等多方共赢的局面。

就具体政策而言，要从以下几个方面着手：

一是完善法律政策。为了更好地鼓励和支持NGO联盟的发展，必须进一步加强NGO联盟管理的法律法规建设。政府主管部门应致力于制定有关NGO联盟的统一规范的法律体系，将政府和企业以外的所有非政府组织涵盖进去，包括社会团体、民办非企业单位、基金会、涉外非政府组织等，同时强调对NGO联盟的单独管理。在行政法规层面出台针对NGO联盟的专项法规，在参照《社团管理条例》《民办非企业单位管理条例》和《基金会管理条例》的基础上，制定《NGO联盟管理条例》，明确规定NGO联盟的登记和业务主管单位，NGO联盟的设立、变更和注销，NGO联盟的组织机构，NGO联盟的监督管理和法律责任等内容。此外，尽快落实作为调控NGO联盟宏观发展的重要手段的税收优惠政策，明确规定对不同类型NGO联盟减免的税种、减免幅度等具体内容，并将其纳入为非政府组织税收管理的整体税法执行体系。最后，应加强利于NGO组成联盟的平台建设，包括法律法规、税收优惠政策、信息共享、利益分配协调、监督管理等内容，使平台成为支持NGO形成联盟并健康持续发展的有效机制。应考虑将走出国门，在国际社会中发挥作用的NGO联盟概括进入专门管理机构，在这一方面可以参照美国设立的海外民间组织管理局，专门负责本国民间组织在外国的各项事务。我国虽然制定了《境外非政府组织管理法》，但是没有详细规定我国非政府组织部门走出去的相关事项，应尽快完善这方面的法律法规。

二是构建稳定的公共关系网络。作为从未在国外开展项目的组织，中国NGO联盟需要有效克服参与"一带一路"建设中遇到的各种困境，在沿线国家打开局面，建构一个稳定的公共关系网络。国际非政府组织、中国和沿线国家的政府、企业、非政府组织等都是公共关系网络中的主体。

NGO 联盟在参与"一带一路"建设的初期,经验和能力有限,主要依靠中国政府提供帮助。通过制定鼓励非政府组织"走出去"政策、制定支持社会组织参与"一带一路"建设的行动方案、搭建国际交流平台、建立专门与"走出去"的社会组织联络协调的专门机构,为它们的发展提供便利,与非政府组织联盟建立稳定的合作伙伴关系和互补关系等,在宏观上进行调控和协调,为 NGO 联盟开展项目提供保障。企业充分利用国内和国外"两个市场、两种资源",通过对外直接投资、对外工程承包、对外劳务合作等形式积极参与"一带一路"上的国际竞争与合作,实现我国经济可持续发展的现代化强国战略。由非政府组织组成的联盟应该扮演协助者角色,提供多种类型的协助,首先是信息服务,通过与服务对象(包括本国和目标国的政府、企业、非政府组织和民众)互动,了解双方的需求,也能够根据需求针对各类群体收集信息,为决策提供专业支持。通过与世界上多个国家和地区建立沟通交流机制、投资保护协定,构筑境外安全网络、制定应急预案,完善境外纠纷和突发事件处理机制,建立多方利益协调平台,为"走出去"的企业保驾护航。

三是拓宽资金来源渠道。资金是 NGO 联盟开展活动的重要资源。从资源依赖角度看,联盟外部的其他多元主体是其资源来源渠道,表现出多样化特征,简单梳理有以下几类:(1)来自中国国内的渠道。包括"一带一路"建设中政府支持购买 NGO 组团形成联盟提供的公共服务、企业对外经济活动项目给予 NGO 联盟的资助以及个人和公众的捐赠几个主要来源。还可设立支持社会组织"走出去"的专项基金或基金会,把国家和社会的力量充分动员起来支持 NGO 联盟"走出去"。(2)来自沿线国家的渠道。包括与沿线国家政府、企业和非政府组织合作开展项目,获得一部分资金和人力资源的支持,同时得到项目受益群体的信任和欢迎。(3)来自与国际上其他主体合作获得资金支持。这是当前我国非政府组织开展海外活动的主要经济来源，来自发达国家的国际非政府组织和大型基金会往往拥有大量的资金、先进的技术和经验，它们通过选择不同的项目和合作对象，来实现本组织倡导的使命和发展目标，能够直接给予中国 NGO 联盟在国外开展项目强大支持。

四是加强联盟内部建设。与单一非政府组织内部建设相似，NGO 联盟的内部建设的内容包括组织结构、组织内外部关系处理、人才队伍建设、组织能力建设、沟通协调机制等。NGO 联盟的组织结构一般有一个核心组织处于高处，领导多个周围组织组成的伞状结构和多个处于平等地位的组织形成的网络结构两种。这两种结构各有优缺点，但最关键的是要在联盟内形成稳定的、成员共同认可的领导管理机制，进而建构起联盟内部组织机制。在参与"一带一路"建设中的 NGO 联盟可以根据其合作对象的具体情况进行组织创新，形成新型组织架构。同时不能忽视这一过程中的组织内外部关系的处理，内部各组织之间需要共同遵守的合作准则和规范，作为整体的联盟也需要与外部环境互动，利用组织内部成员共同商议决定的对外策略，获得组织发展所需要的资源。在人才队伍建设上，政府通过一定的政策和制度引导，加强部门间人才的流动，争取把一批政府和商业部门的精英人士吸收到非政府组织联盟之中。NGO 联盟的能力建设要求联盟具有提供高质量的项目能力、明确表达自身使命的能力、发展和创新的能力、回应紧迫需要和突发事件的能力、适应外部环境的能力、筹资和制定发展战略的能力、组织管理的能力、培训人员履行职责的能力、依据专业化标准进行运作的能力等。联盟内部的沟通协调机制必不可少，有助于解决内部矛盾和冲突，和谐组织内部关系，营造良好的组织氛围。

　　五是实现有效监督和评估。有效的监督和评估可以在动态地掌握NGO联盟在"一带一路"建设中的具体情况的基础上，提供针对性的政策方案来进行支持，也能够提高NGO联盟的公信力。一方面，需要建立以政府监督与社会监督为主的监督机制。政府监督可以从宏观上把握NGO联盟的状况，认识到它们所处的阶段，从而提供有效的支援；社会监督包括来自媒体的监督和公众的监督，媒体对非政府组织联盟的活动状况等信息进行披露，公众以实际受益者身份监督NGO联盟的活动，可以对联盟活动形成约束和要求，发现自己存在的问题并寻求改进提升之道。另一方面，需要各利益相关群体系统地参与到调查、设计与实施的全过程，并以此作为改进活动合作和共同决策的参与式评估方案。NGO联盟的项目运作团队距离管理团队远，项目运作范围大，仅仅依靠以上级和外来专家为主组成的传统检测评估方法不足以满足项目实时的监测和评估需求，同时也会造成资源的浪费。由于项目范围广、涉及的利益相关者多，实施参与式监测和评估有利于项目更好地运作。在项目实施过程中，受助者参与有利于运作团队更准确地了解服务对象的真实需求，及时调整项目的运作方向，使其朝着最终目标更好地运行。协作者参与有利于其在监测和评估方面的能力建设，符合非政府组织海外运作的附加价值原则。捐助者参与能使他们更充分地了解捐助的去向和效果，有利于非政府组织保证组织的透明性和进一步筹资。

第二节　孵化共建"一带一路"企业应急管理体系

　　企业应急管理是指对企业生产经营中的各种安全生产事故和可能给企

业带来人员伤亡、财产损失的各种外部突发公共事件，以及企业可能给社会带来损害的各类突发公共事件的预防、处置和恢复重建等工作，是企业管理的重要组成部分。对于企业应急管理，应急管理是企业日常管理的重要组成部分。应急管理是保障企业自身健康发展的必要管理，是保护企业自身职工安全的客观需求，是维护企业自身形象，承担社会责任义务的体现，与人力资源管理、进度管理、质量管理等日常管理同等重要。首先，企业作为独立的经营主体，有必要保障生产过程涉及的人、财、物的安全，保障自身的平稳发展。其次，企业作为社会的独立责任主体，有义务响应政府号召，参与全员危机应对。如在面对"非典"疫情、汶川地震、洪水灾害等特重大突发事件时，所有企业都有义务参与统一的应对活动。在现代应急管理中，企业应急管理是政府应急管理的一个重要组成部分，在结合自身特色的同时，必须符合政府应急管理的总体要求。

共建"一带一路"国家已经成为中国石油天然气集团海外油气合作的高地，也是中国油气企业"走出去"的重地，更是中国开展能源合作的重地。中国石油天然气集团在共建"一带一路"20个国家参与运作管理着53个油气合作项目，是"一带一路"倡议的重要中资企业。中石油集团公司业务涵盖石油天然气勘探开发、炼油化工、集运集输等，这些都是高危行业，存在着大量复杂和不确定性因素，具有易燃易爆、高温高压、有毒有害等特点。近年来，中石油集团公司安全生产事故呈现高发频发事态，给应急工作增加了难度。该集团公司应急管理进行多年的尝试，建立起了包括应急预案体系、应急组织体系、救援保障体系、制度标准体系、技术支撑体系等五个子体系在内的应急管理体系，在预防和应对突发事件，减少突发事件造成的损失方面发挥了重要作用。我们在孵化共建"一带一路"企业的应急管理体系时，或可参考中石油集团公司应急管理体系的框架结构，分析其成果与不足，为构筑一个科学、高效、完备的共建"一带一路"企业应急管理体系建言献策。

一、应急预案体系建设

规范科学的应急预案体系不仅有利于对突发事件及时作出响应和处置，还有利于避免突发事件扩大或升级，最大限度地减少突发事件造成的损失。结合我国政府对企业应急预案体系建设的要求和企业组织机构特点，中国石油天然气集团构建起了一套统一指挥、功能齐全的应急预案体系，并且着重强调对预案的应急演练工作。

中石油的应急预案体系经历"2003年版、2006年版、2008年版、2015年版"等四次调整，不断发展、逐渐完善。中国石油所属企业及二级单位按照各自的风险特点，已经建立了"1+11"应急预案体系，即1个总体预案和11个专项预案。其中总体预案是中石油企业应对突发事件的规范性文件，是制定专项预案及下属单位应急预案的基本依据和主要指导；专项预案主要以一种突发事件或多种突发事件为处置对象，着力抓好特定突发事件的处理，是总体预案的支持性文件。下属单位、直属机构结合自身实际，共编制综合（总体）和专项预案1万多个、现场处置预案10多万个、应急处置卡100余万张，涵盖了各种类型的事故风险，形成了"横向到边、纵向到底"的应急预案体系。然而，通过该企业考核走访发现，企业下属各单位所编制的应急预案仍不够完善，普遍存在针对性、可操作性不强等问题。究其原因，一是由于预案编制人员相关理论知识和现场经验的欠缺，对风险可能触发的事故和危险源分析不到位、不彻底，造成预案程序和实际操作不一致、难匹配。二是一些应急预案在编制完成后便长期闲置，当成摆设，一直未经历现场实操、演练的检验，尤其是在相关行业法律法规、技术标准、施工作业环境发生变化时，不能及时发现问题并进行改进、修订。

加强共建"一带一路"企业应急预案制修订工作。应急救援预案可有效预防、控制和消除事故的发生，它的制定需要按照相关的法律法规、技术标准、国内外同行业企业事故资料等，并结合本单位的安全生产相关技术规格书、具体工况、应急资源等资料，必须做到实用、可行、及时且具有很强的可操作性。因此，在制修订共建"一带一路"企业应急预案时，应本着"合规、系统、简明、可操作"和"纵向到底、横向到边、上下对应、内外衔接"的原则，全面梳理、识别企业生产经营活动所面临的重大风险、响应主体和响应流程，以可操作为落脚点，真正做到"写我所做、做我所写"，不断完善修订各层级、各领域的应急预案，健全突发事件应急预案体系，同时加强应急预案受控管理工作，最终达到每个预案必须经上一级主管部门审批和备案的目标。此外，还需严格按照国家关于企业应急预案每三年一次的修订要求，成立应急预案编制修订领导小组，组织预案修订工作，杜绝应急预案、响应流程编制完成后便置之不理、不闻不问等情况的发生。特别是，当企业组织机构调整、周围环境发生变化，相关法律法规发生变化后应及时组织修订。在编制修订应急预案时，相关预案编制人员必须充分收集与预案制修订工作相关的法律条文、技术规范、行业规定等资料，同时邀请理论知识扎实、现场经验丰富的专家、技术人员进行风险、应急能力评估。

中国石油天然气集团公司为提高应急预案的实用性和可操作性，在进行应急预案的编写和培训过程中，强调抓好基层的专项应急演练工作，实战与模拟演练相结合，企业内部应急与企业联动相结合，基层现场应急与企业救援相结合。然而在实际应急管理工作中,中石油企业所举办的演练走过场、重形式的现象普遍存在。该现象产生的原因主要来自以下几方面:一是企业通常出于成本方等面的考虑,所开展的应急演练往往是以桌面演练为主,且重"演"而轻"练",致使演练流于形式、假戏假做,很难起到增强员工应急意识、提高操作技能、磨合锻炼队伍的作用。二是中石油企业未分层次明确规定企业总部、下属单位、基层单位(固定项目部)应急演练的主要内容、形式、频次等要素,企业各层级缺乏演练的侧重点、工作重心,造成下级单位演练方案和计划的制定只是简单的下级照搬上级,演练目的性、适用性均不强,演练质量、效果大打折扣。

推进共建"一带一路"企业应急演练工作。应急演练是检验应急预案的实用性、应急准备的完善性、应急响应能力的适应性和应急人员的协同性的重要手段和模拟实践活动,但往往需要耗费企业较大的人力、物力等资源去组织实施。应急演练是提高应对突发事件能力和完善应急预案的有效措施。共建"一带一路"企业要以预防为重点,根据"规范、安全、节约"的原则积极开展分层次的各类应急预案演练,保证必要的演练次数和演练质量,认真总结应急演练成果,及时发现改进应急预案中存在的问题与薄弱环节,全面提升应急专业救援队伍处置能力和全员危机应对意识。共建"一带一路"企业可在总部层面积极组织开展以情景构建、指挥调度为主的应急演练、并做到及时发现问题、认真总结评估,建议每年至少开展一次;下属单位要结合自身主要业务开展以实战为主的应急演练,减少告知式的应急演练,建议每半年至少开展一次;基层单位、项目部要结合生产经营实际,开展以现场处置操作为主的应急演练,特别要加强针对要害部位、重点岗位、关键装置以及人员密集区域的实操演练,建议每季度至少开展一次。各级响应救援演练要同基层现场的实战演练有机结合,着力提高基层单位的现场应急处置能力和机关总部的应急指挥调度能力。

二、应急组织体系建设

依据国家"健全综合应急管理机构和专项应急机构、理顺应急管理指挥机构、办事机构和工作机构的关系，充分发挥各自职能作用"的要求，中国石油集团不断地进行应急组织体系的完善。该集团公司应急组织机构由应急工作支持部门、应急领导小组、应急领导小组办公室、应急领导小组办公室日常工作机构、现场应急指挥部、应急工作主要部门、各专业公司、应急信息组、应急专家组组成。

其中集团层面各部门具体职能职责描述如下：一是集团公司应急领导小组是集团公司应急管理的最高领导机构，主要负责Ⅰ级突发事件的领导、决策和指挥工作。必要的情况下，需要派出专项工作组进行现场指导。集团公司总经理、党组书记担任应急领导小组组长，党组成员担任副组长，总经理助理、管理层成员作为应急领导小组成员；二是集团公司应急领导小组办公室实行联席工作制度，召开会议商讨有关问题，并进行会议记录，各成员单位按照部门职能分别落实，办公厅负责督促落实。应急时，作为集团公司应急指挥中心具体组织实施应急处置工作。三是应急领导小组办公室的日常工作机构，其中包括集团公司总值班室（应急协调办公室）与安全环保部应急管理处。集团公司总值班室主要作为集团公司应急领导小组的办事机构，在应急突发事故期间值班、综合整理信息、应急协调指挥工作；安全环保部应急管理处主要作为集团公司应急领导小组的工作机构，进行日常应急管理和准备工作；集团公司应急领导小组办公室组成部门包括总部机关应急处置重点部门、总部机关应急管理支持部门、专业公司，下设9个总部机关应急处置重点部门，负责具体的应急管理实务。

然而，中石油企业在处置应对一些突发重大公共事件（如利比亚战乱、埃博拉病毒等）时，却出现了令出多门、信息沟通不畅等问题。究其原因发现，主要是由于中石油企业部分下属单位在日常生产中并未真正意识到社会依托资源对于应急工作的重要性所致。其未能与常驻区域的当地政府、大使馆、兄弟企业等机构部门建立充分有效的沟通衔接机制，制定针对社会的事故应急预案、联动机制，造成在公共突发事件发生时救援处置效率低下，部门之间"联而不动"。特别是在诸如非洲、中东等一些社会依托资源较差的欠发达地区，发生重大骚乱、疫情、地震等突发公共事件、自然灾害时，由于缺乏政府、企业统一领导，一些职能工作部门协作领导部门执行意识不强，而造成权责划分模糊、协调机制不畅的问题更加突出。

健全共建"一带一路"企业应急联动工作机制。协同高效的应急联动工作机制可以显著提升企业应急管理工作水平。共建"一带一路"企业下属单位、固定项目部要高度重视应急联动工作机制的建立，按照"优势互补、资源共享"的原则，主动对接联系所驻区域的地方政府、社会团体等机构部门，建立健全事故应急联动体系和紧急状态联系方法。特别是在起草编制应急预案和应急程序时，应与政府部门进行深入沟通协调，充分征求有关意见，明确参与各方的职责、权限和处置程序，减少实践分歧。根据属地管理的原则，共建"一带一路"企业应按照有关法律、法规，服从和配合当地政府发布的突发公共事件应急救援决定、指令，积极组织人员参加所在地的救援处置工作并签订应急备忘录及相关协作协议，报政府有关部门备案。同时，下属单位、项目部要持续完善依托资源收集和更新管理制度，认真梳理依托资源需求，广泛收集系统内外应急资源信息，根据突发事件的性质、严重程度、影响范围等因素选择应急处置和救援可依托的临近外部专业机构，如物资供应、技术服务等，并签订相关互助协议，确保突发事件发生时的应急处置、医疗救治、治安保卫、交通运输等应急救援力量能够及时到位。

三、救援保障体系建设

中国石油按照《突发事件应对法》的要求，不仅加强了对应急现场的处置，而且还不断加强建设救援队伍，形成了企业生产保障救援与社会救援相结合的保障体系。此外，加强对应急物资资源的管理，定期开展应急培训和演练，不断提升了应急救援保障体系的综合能力。

目前，中国石油已经建成了企业生产救援与社会救援相结合的救援队伍。各片区"资源共享、救援联动"，初步形成了以危险化学品、油气长输管道、井喷失控、专职消防队、海上应急救援 5 个应急救援基地或中心为主体的集团公司级专业应急救援响应力量。该集团公司依照应急资源统筹规划、合理分布的原则，建立了区域应急救援系统。主要包括：区域消防、气防应急抢险救援系统、井喷失控应急抢险救援系统、医疗卫生应急抢险救援系统、企业综合治理应急系统、自然灾害应急抢险救援系统、油气长输管道应急抢险救援系统、海上突发事件应急抢险救援系统等。中石油在组建专业救援队伍的同时，还一直研究与实际紧密结合的救援组织体系和保障体系。在消防应急队伍建设方面。中石油将下属的 23 家专职消防队伍统一归安全环保部管理。为了提高整体的消防救援能力，该公司统一编制《消防区域联防工作方案》，并将消防队分为 8 个联防区域，形成覆盖全国的专业消防队伍体系。此外,为了提高应对危化品突发事故的能力,该公司将专职消防队伍与危化品救援基地合并建设;在管道维抢修队伍建设方面,针对油气管道分布"点多、线长、面广"的特点,按照"区域优化、合理配备、立足自救、企业联动"的原则,分别在东北、华北、西北、西南、华中和华东6大区域设立13个管道维抢修中心和26个维抢修队,配备470余台套应急抢险设备。在建设企业及基层群防性应急保障体系方面,中石油下属分公司从一线工作人员中挑选骨干力量,组建应急救援队伍,定期进行应急演练。此外,为了增强综合实力,各企业还配备了必要的应急物资,编制突发事件预案。大庆油田公司根据生产经营中的各类情况,组建了各级应急救援队伍8类69支,其中一支火灾爆炸和危险化学品的应急救援队伍——大庆油田消防支队,被定为国家级专业救援队。此外,大庆油田的二级单位还建立了化工装置事故、原油泄漏、电力系统故障、作业井喷失控、天然气泄漏、钻井井喷失控、医疗卫生救援等7支公司级应急救援队伍。

中国石油应急资金由该公司预算管理部门和财务部门统一管理。该集团公司预算管理部门负责落实应急工作年度资金专项预算和不可预见资金安排,保障应急管理专项工作所需资金。年度专项资金用于日常应急工作,主要包括应急管理系统和应急专业队伍建设,应急装备配置,应急物资配置,应急宣传和培训,应急演练以及应急设备日常维护等。不可预见资金用于处置突发事件及其他不可预见事件。该集团公司财务部门负责确保应急管理专项资金到位。在突发事件情况下,按应急领导小组的指令,保证所需的应急资金。中石油集团公司近些年每年都根据实际需求投入大量的资金,加强基础应急保障的建设。目前,该集团公司按照处置突发事件的要求,以集团公司应急物资储备为主体,以社会救援物资为辅,健全物资保障体系和应急物资动态管理制度。危机突发事件发生时，由集团公司应急领导小组办公室统一调配物资，由规划计划部负责审批应急资源配置计划。集团公司整合企业现有应急资源，建立健全区域联动协调机制。在各专业公司建立了突发事件期间各企业交通运输工具临时调用工作程序，确保应急救援物资和人员及时、安全到达。

中石油按照国务院"居安思危、预防为主"的指导方针，"预防与处置并重、常态与非常态结合"的工作原则，形成了完善有序的应急管理工作格局。应急通信系统在应急工作中起着十分重要的作用，它可以帮助企业及时有效地应对各类危机，降低突发事件的损失，对于增强各方的沟通，完善应急机制具有特别重要的意义。2010 年，依据应急工作的实际需要，集团公司对应急移动通信系统进行了整体规划，并在塔里木油田、长庆油田和管道公司进行了移动应急通信系统项目试点建设，通过落实应急需求、检验技术方案，为开展车载应急通信系统全集团范围内的区域部署奠定基础。区域规划统筹在考虑全集团范围内各地区各企业的应急需要基础上，优先满足高风险企业和部分敏感区域的部署需要，制定了车载应急通信系统在全集团范围内的部署目标蓝图。然后采用先试点后推广的模式，制定了车载应急通信系统分批建设方案。此外，中石油各企业在应急保障工作方面，配备了齐全的应急装备，制定了相关的规章制度，与各地政府保持联系合作。到目前为止，中石油依照国家法律法规的要求，建立了紧急疏散地和应急避难场所，并协助政府做好了突发事件环境下公众的安置工作。各企业达到了突发事件后保障应急办公基本条件，实现了正常办公的要求。同时，中石油还根据突发事件的性质、严重程度、范围等选择了多家应急处置和救援可依托的外部专业机构、物资、技术等，并签订了互助协议，从而保证突发事件的交通运输、治安保卫、医疗救治等应急救援力量到位。自 2004 年起，中国石油成为国际 SOS 会员单位，加强了海外项目现场的应急救援力量。

　　完善的应急保障体系是做好企业应急管理工作的关键。经过多年的运行实践发现，中石油应急保障体系还存在以下几方面的不足：一是应急队伍分布不均匀，一些处于偏远地区的工程项目并未实现队伍的有效覆盖；二是应急设备物资储备不足，个别合同额、施工规模较小的工程项目未能配备一定数量的应急物资，一旦发生较大的突发事件或同时发生多起突发事件，将很有可能出现因供应不足而延误救援处置的情况；三是应急设备物资的使用调拨程序、责任主体、管理流程不够明确，使用时缺少统一组织、统一管理；四是未对应急资金使用情况进行统计分析，无法科学合理地制定年度专项资金预算；五是未有效开展应急管理科学、应急装备、应急通信等技术研究，信息化平台体系建设、应急基础数据库建设、应急物资分类与配备方面的研究还不够深入。经分析发现，问题成因如下：一是由于中石油工程项目分布较为分散且区间距离较长，专业应急保障力量覆盖难度较大；二是针对基层项目站队的应急物资装备配备标准还不够完善、科学，配备标准过低；三是年度专项应急资金预算设置不够合理，额度通常都由企业一把手主观臆断决定；四是中石油高层对应急管理技术研发工作重视程度不够，通常出于生产成本的考虑，给予资金支持力度有限。

　　强化共建"一带一路"企业应急保障体系建设。在应急队伍建设方面，要坚持"统筹规划、合理布局"的原则，采取分专业类别、分层次水平、分区域模块等方式，建立一支综合素质过硬的应急救援队伍：一是突出专业救援队伍建设，建设适应企业发展、业务需要、功能完善、装备精良的管道应急抢险、医疗卫生救护和通信信息保障等专业化队伍；二是加强兼职救援队伍建设，各下属单位依据应急预案需求，组建一批由技术业务骨干组成的应急救援队伍；三是完善专家队伍建设，充分利用国内外、石油系统内外优质资源，不断扩充、升级技术专家库，组建专业齐全、经验丰富、有权威、有影响的智囊团队，为应急决策提供技术和管理支持；四是尽快优化完善应急队伍区域布局，做到重点生产施工区域应急抢险全覆盖、零死角；在应急物资装备储备方面，按照"必要性、实用性、安全性、耐用性"的原则，结合共建"一带一路"企业生产经营特点，根据突发事件应急处置的需要，以下属二级单位为依托建立健全应急物资装备保障体系：一是制订应急物资装备储备规划方案，明确储备类型、数量、区域以及应急队伍装备标准；二是建立应急物资装备动态管理制度，健全物资设备使用台账，实时进行数据更新，对剩余数量不足的物资要进行及时补充，确保应急物资储备充足；三是充分利用企业现有应急资源，建立应急装备、应急物资区域调配机制，理顺调配流程。

在应急资金保障方面，共建"一带一路"企业应建立应急年度资金专项预算工作机制，同时安排部分不可预见风险的资金，确保应急工作有足够资金保障。年度专项资金主要用于平时应急工作的保障，如构建应急管理系统、组织应急人员培训、采购应急装备、储备应急物资、加强应急宣传、组织应急处置演练和应急设备维修保养等。不可预见资金主要是为了保障突发事件和不可预知事件的处置。突发事件发生后，根据公司应急领导小组的指示，确保各项工作均有应急资金保障；在应急技术支持方面，共建"一带一路"企业应坚持以提升应急响应处置能力为目标，紧紧围绕应急管理及其应用技术，积极开展基础性和应用性研究，重点开展应急决策、应急指挥、应急救援等方面的理论研究，不断提升应急管理的科学化、制度化水平；加强应急平台、应急数据库、救援装备、环境修复等技术研究，不断提升应急处置的信息化、规范化水平。

四、制度标准体系建设

在建设应急制度标准体系的过程中，中国石油天然气集团公司结合生产与事故发生情况，出台了一系列与应急相关的制度，规范公司应急工作的开展。中石油制定了《应急管理办法》作为纲领性文件，从组织机构与职责、应急预案管理、应急预案培训、演练与修订、应急实施等方面作出了规定。支持性管理办法包括《中国石油应急预案管理办法》《中国石油应急预警管理办法》《中国石油应急队伍建设管理办法》《中国石油应急演练实施指导办法》《中国石油应急管理考核评价办法》《中国石油应急物资管理办法》《中国石油应急平台风险管控手册》《中国石油应急平台建设设计规范》《中国石油总值班工作管理办法》《中国石油突发事件信息报送与发布管理办法》等。这些文件的实施与完善，将应急救援工作规范化，为应急预案体系、应急管理体系、应急组织体系、应急救援与保障体系、应急技术支撑体系的建立提供了规范和指引，对该集团公司突发事件应对水平的提高起到了重要作用。极大地促进了"十三五"时期该集团公司的应急体系的建设工作，初步形成了组织体系完整、预案齐全、队伍作战能力强、通信指挥顺畅的应急工作局面。

健全完善的考核评价机制能有效督导、检查企业应急管理工作情况。然而，通过该集团公司检查走访发现，中石油的考核评价机制存在如下不足：一是个别被考核单位平时不注重应急设备、物资使用保养、应急培训演练等基础数据的记录填报，而是为了应付检查，在年终检查考核前突击编造、补录考核所需数据材料，致使考核信息获取不平衡、不充分，考核结果不能真实、客观地反映被考核对象的应急管理工作水平，造成考核评比结果不公平。二是被考核企业未对应急管理工作考核评价的内容、指标进行分级，未充分考虑考核加分项的设置，没有明确突发事故应急抢险工作奖励的条件及内容。究其原因，主要是由于当前的考核方式所致，中石油主要采用年终检查的方式对应急管理工作进行考核评价，重年终而轻平时，重静态轻动态，将所有的考核权重都集中于年底的完成情况，缺少对企业日常应急工作的了解，不定期、经常性的动态考核制度尚未建立，考核方法不科学。

建立共建"一带一路"企业管理制度体系。抓好共建"一带一路"企业应急平台管理办法制定和落实的同时，坚持以平台运行和维护、平台操作使用、风险管理与控制、技术规范4方面具体要求为支撑的"1+4"制度体系：运行维护手册，重点明确岗位设置、职责分工、运维流程等内容，实现运行维护工作的规范化、流程化；风险操作手册，重点明确平台设备及系统的操作规程和常见故障处理方法，主要用于操作人员培训；风险管控手册，主要针对平台运行中面临的管理和技术风险，进行识别和管控，保障平台不间断平稳运行；制定技术规范，主要明确应急平台技术架构、接口标准、性能要求等内容，保障平台体系互联互通。

加强共建"一带一路"企业应急考核评价机制建设。共建"一带一路"企业需建立"分责考核、奖惩得当、长效考核"的应急管理考核评价机制，对应急管理责任部门进行量化考核，从而有效调动企业广大干部员工应急工作的积极性、创造性，有效发挥激励、引导和约束作用。一是完善企业应急管理考核评价办法，明确考核加分项和奖励措施，对于成功实施应急救援任务或获得集团公司级（及以上）应急技术创新奖项的单位要予以加分及适当物质奖励；二是建立"日常与年终"相结合的考核机制，提高日常考核分数的权重，加大日常考核的频次，在执行年终考核工作的基础上，不定期对不同层级、不同类别、不同岗位的考核对象实施考核评价，增加考核工作的科学性、合理性；三是从应急管理水平和应急响应能力出发，完善建立三级应急管理考核指标。

五、技术支撑体系建设

在应急技术研究与支持建设方面，为了有效应对各类的突发事件，中国石油从预防、准备、响应和恢复四个阶段，对应急管理、应急支撑技术、应急装备等方面进行了全面研究。此外为了满足业务发展对技术的需要，该公司成立了应急管理与技术支持研究所。在"十一五"时期，中国石油开展了应急平台关键技术、应急预警与处置技术、突发事件仿真模拟技术等方面的研究工作，对现场应急监测和井喷应急救援方面的装备进行了研发，取得了多项研究成果，逐步形成了中国石油应急业务核心技术与关键技术，开展了一批示范应用工程项目，初步取得了一批应急技术成果，提高了中国石油应急工作水平和综合能力，在各类突发事件的应急救援和处置中发挥了积极的作用。此外，开发了"中国石油应急资源数据库系统"，建立与应急工作密切相关的法律法规、技术标准、应急案例、科普知识基础信息数据库，为应急管理提供基础信息保障。"十二五"时期，该集团公司在应急支撑关键技术方面重点研究包含以下7个方面的内容：预测预警支持技术、应急决策支持技术、重点专业典型突发事件应急处置技术、溢油突发事件应急处置技术、应急保障支持技术、极端条件应急通信指挥技术、海外业务应急支持技术等。

在应急技术科研机构建设方面，目前中石油对应急技术科研机构进行了统一规划，初步建成了"一个整体、两个层次"的应急科技支撑体系，即在该集团公司统一管理下，两个层次相互补充配合的应急技术科技支撑体系。目前该集团公司将应急技术的技术支持纳入安全环保领域进行统一管理，共有 13 家科研机构划分为两个层次。第一层次科技机构为中国石油安全环保技术研究院，在院内专门设立了应急技术与 HISE 体系研究室；第二层次科技机构包括集团公司 / 股份公司直属科技机构、中国石油地区公司相关科技机构（应急救援响应中心）、集团公司命名的科技机构、具有相关特色技术的大学和社会科研机构等。

加强共建"一带一路"企业应急技术支持。共建"一带一路"企业应坚持以提升应急响应处置能力为目标，紧紧围绕应急管理及其应用技术，积极开展基础性和应用性研究，重点开展应急决策、应急指挥、应急救援等方面的理论研究，不断提升应急管理的科学化、制度化水平；加强应急平台、应急数据库、救援装备、环境修复等技术研究，不断提升应急处置的信息化、规范化水平。

第三节　打造共建"一带一路"国家官方合作平台

我们一致支持着力构建全球互联互通伙伴关系，加强合作机制。为此，我们将深入对接各国和国际组织经济发展倡议和规划，加强双边和第三方市场合作，建设中欧班列、陆海新通道等国际物流和贸易大通道，帮助更多国家提升互联互通水平。我们将坚持多边主义，推动形成以高峰论坛为引领、各领域多双边合作为支撑的架构，使我们的合作既有理念引领、行动跟进，也有机制保障。大家普遍认为，"一带一路"国际合作高峰论坛是重要多边合作平台，支持高峰论坛常态化举办。

"一带一路"国际合作高峰论坛是"一带一路"框架内最高规格的国际合作平台，在高峰论坛框架下建立的多边合作平台包括：中国财政部联合亚洲基础设施投资银行、亚洲开发银行、拉美开发银行、欧洲复兴开发银行、欧洲投资银行、泛美开发银行、国际农业发展基金、世界银行集团成立多边开发融资合作中心；中国国家税务总局与哈萨克斯坦财政部国家收入委员会等有关国家（地区）税务主管当局召开首届"一带一路"税收征管合作论坛，签署《"一带一路"税收征管合作机制谅解备忘录》，建立"一带一路"税收征管合作机制；中国生态环境部与安哥拉、亚美尼亚、柬埔寨、古巴、爱沙尼亚、埃塞俄比亚、芬兰、冈比亚、危地马拉、伊朗、以色列、意大利、肯尼亚、老挝、马尔代夫、毛里求斯、蒙古国、缅甸、尼日尔、巴基斯坦、俄罗斯、新加坡、斯洛伐克、多哥、阿联酋等25个国家环境部门，以及联合国环境署、联合国工业发展组织、联合国欧洲经济委员会等国际组织，研究机构和企业共同启动"一带一路"绿色发展国际联盟；中国国家发展改革委（城市和小城镇中心）与联合国人居署、世界卫生组织、世界城市和地方政府组织亚太区、欧洲城市联盟、能源基金会等机构共建"一带一路"可持续城市联盟；中国地震局与亚美尼亚、蒙古国、俄罗斯、巴基斯坦、哈萨克斯坦、亚洲地震委员会、非洲地震委员会等13个国家和国际组织共同成立"一带一路"地震减灾合作机制等。我们或可在现有"一带一路"多边合作框架下发展应急管理，着力打造基于"一带一路"国际合作高峰论坛的共建"一带一路"国家应急管理官方合作平台。

此外，东盟国家与中国互为近邻，作为"21世纪海上丝绸之路"建设的合作伙伴，在中国"一带一路"建设中发挥着极其重要的作用。我们也可借鉴东盟在应急管理区域国际合作中的相关经验，打造共建"一带一路"国家应急管理官方合作体系。经过十多年的探索，东盟建立起了三维减灾与救灾合作框架，以此为基本骨架，结合多样化的合作者、灵活的合作形式、丰富的合作内容，东盟灾害管理已形成具有庞大规模的伙伴合作系统。

一、世界应急管理合作平台

我国为应对突发事件、提升我国应急管理能力加入了多个应急管理国际合作组织和机构，参考东盟积极参与支持世界减灾活动的主要方式包括：（1）参与国际会议，如世界减灾大会、亚洲减灾部长级会议等；（2）身份建构，如 1998 年东盟加入亚洲备灾中心；（3）与国际机构或组织建立友好合作关系，如联合国国际减灾战略、联合国世界粮食计划署、联合国难民署、联合国人道主义事务协作办公室、国际红字会与红新月会、联合国亚洲及太平洋经济社会委员会（亚太经社会）、世界银行、亚洲备灾中心、亚洲减灾中心、太平洋灾害中心（PDC）、亚洲开发银行（ADB）等。我们或可在已有应急管理国际合作框架下构建"一带一路"沿线各国应急管理官方合作平台。

联合国国际减灾战略（United Nations International Strategy for Disaster Reduction，简称 UNISDR）是联合国系统中唯一完全专注于减灾相关事务的实体，由联合国管理减灾事务秘书长的特别代表领导，确保减灾战略行动计划的执行，承担协调联合国系统、区域组织以及有关国家在减轻灾害风险、社会经济与人道主义事务等领域的活动。1999 年 11 月 24 日，联合国第 54 届大会通过了决议，同意由联合国秘书长提交的实施联合国经济和社会理事会 1999/63 号决议中，关于对国际减灾十年活动的后续行动的安排："国际减灾十年"活动发展为"国际减灾战略"活动，在《横滨战略和行动计划》的基础上，提高公众认识、加强公众宣传、扩大网络和合作伙伴，加深对灾害因子和各种减灾方法的认识。实施国际减灾战略的主要目的：一是能使社区从自然灾害、技术灾害和环境灾害的影响中得到恢复，这样便要减轻造成当代社会和经济易损性的复合性危险；二是通过防御灾害战略与可持续发展活动的结合，从抵御灾害发展到风险管理。2001 年联大通过第 56/195 号决议，扩大了联合国国际减灾战略秘书处的职能，将其作为联合国系统的联络机构，协调联合国机构以及区域组织等在减轻灾害风险、社会经济与人道主义事务等领域的活动。2005 年，联合国在日本兵库举行了第二届世界减灾会议，通过了《兵库宣言》和《兵库行动框架》，对《横滨战略及其行动计划》进行了更新，为 2005—2015 年全球减灾工作确立了战略目标和行动重点。其核心职能包括：协调联合国机构和有关各方制定减轻灾害风险政策、报告以及共享信息，为国家、区域以及全球范围的减灾努力提供支持；通过关键指标，如通过两年一次的全球评估报告监测兵库行动框架的实施，组织区域平台，管理全球减灾平台；为《兵库行动纲领》优先领域提供政策导向，特别是将减轻灾害风险纳入气候变化适应性；倡导和举办减灾活动及媒体宣传；提供信息服务和实用工具，如虚拟图书馆等，建立包含减灾良好实践、国家情况、大事件等数据库以及电子文档等；推动减轻灾害风险国家多部门协调机制（国家平台）。

　　2015 年 3 月 18 日，第三届世界减灾大会在日本仙台闭幕。联合国减灾署（UNISDR）出台了《2015—2030 年仙台减灾框架》，是联合国首次提出未来 15 年全球性防灾减灾目标和各国的优先行动领域和期限。包括大幅降低全球灾害死亡率、大幅减少受影响的民众人数、减少与全球国内生产总值相关的经济损失、大幅减少灾害给卫生和教育等关键基础设施带来的损失以及对基本服务的干扰、在 2020 年前增加的制定国家级和地方级减灾战略的国家数量、促进国际合作、增加获得多灾种早期预警系统和减灾信息及评估的机会。优先注意发展中国家，特别是最不发达国家、内陆国家和小岛屿发展中国家；要发展和加强各个国家的能力，并依情况发展和加强各国预防自然灾害和其他灾害的能力，包括减灾和备注方面的法治建设；动员非政府组织和当地社区的参与；促进和加强分区域、区域和国际在防灾、减灾和减轻自然灾害和其他灾害方面的合作等。

因此，在世界减灾合作平台框架下，我们或可全力打造"一带一路"自然灾害防治和应急管理国际合作部长论坛平台。深入贯彻落实习近平总书记在第一届、第二届"一带一路"国际合作高峰论坛上的重要讲话精神，做好新时代应急管理外事工作，坚持围绕中心、服务大局，坚持以推动构建人类命运共同体、扩大国际影响力为导向，坚持以建设"一带一路"自然灾害防治和应急管理国际合作机制为主线，坚持借鉴发达国家先进经验与支持发展中国家相结合，聚焦重点工作任务，全力打造"一个平台、五个机制"，即"一带一路"自然灾害防治和应急管理国际合作部长论坛平台、建立应急管理政策和信息交流机制、防灾减灾监测预警信息共享机制、国际救援合作机制、沿线国家工业园区安全生产示范协作机制、灾害防治和应急管理培训交流机制。此外，要调动各地区各部门外事工作的主动性、积极性，建设高素质外事工作队伍，服务应急管理外事工作全局。在此国际合作大平台下，还要发挥好上海合作组织、中国—东盟"10+1"及"10+3"合作、金砖国家等多边框架下应急管理合作机制的作用，打造应急管理对外交流与合作的总平台及若干小平台，有合有分，有效协同。

二、以我国为核心的共建"一带一路"国家应急管理合作框架

打造以我国为核心的共建"一带一路"国家应急管理官方合作平台时，我们或可参考"一带一路"倡议下重要区域国际组织东盟在建成以东盟为核心的减灾合作框架方面的经验，并分析结合我国已有"一带一路"应急管理官方合作平台建设的成果与不足，设立共建"一带一路"国家层面的专门协调议事机构。

20世纪90年代以来，东盟逐渐建成以东盟为核心的减灾合作框架，主要有"ASEAN+1""ASEAN+3""ASEAN+8"系列框架，东盟地区论坛（ARF），东亚峰会等。根据《东盟灾害管理与紧急应对协议》，东盟成立了东盟人道主义救援协调中心（AHA中心），对东盟落实各项救援措施提供具体业务上的协调工作。2011年11月17日，AHA中心在雅加达正式启动，成为实施《东盟灾害管理与紧急应对协议》的业务单位。东盟灾害管理委员会是其管理理事会，旨在为其有效运转提供各种政策便利，促进各方之间，甚至与联合国等国际组织之间的政策与行动协调。东盟每个成员国每年会向AHA中心提供3万美元的资金支持，但这笔资金远远不够维持中心的正常运转，因此，其大部分资金来自东盟对话伙伴国的捐助。从程序上看，AHA中心能够发挥作用的前提是，受灾害影响的国家必须首先对管理和应对灾害采取措施和行动。当受灾害影响的国家自身能力难以应对灾害时，就可以请求AHA中心为其寻求外部救援提供便利。为了促进其在灾害应对中发挥领导作用，2014年1月，AHA中心提出了自己的执行计划，对相关人员提供政策和技术培训，旨在加强东盟在管理灾害方面的整体能力，以及东盟成员国灾害管理机构的应对能力。2013年1月，东盟和太平洋灾害中心合作开发的灾害监测和应对系统（DMRS）正式运

行，在东盟灾害信息网（ADInet）等其他机构的帮助下，向各国灾害管理机构提供灾害监测服务和信息。

2019 年 5 月 12 日，在"一带一路"防灾减灾与可持续发展国际学术大会上，来自共建"一带一路"国家和地区的近 40 个国际组织和科研机构负责人，以及来自不同学科领域的 700 余名中外科学家，共同发表了《"一带一路"防灾减灾与可持续发展北京宣言》（简称《宣言》），提出将共同致力于加强科技及政策交流，推进构建"一带一路"自然灾害风险防范协同机制，落实联合国《仙台减灾框架》《巴黎气候变化协议》和《2030年可持续发展目标》。《宣言》秉承"和平合作、开放包容、互学互鉴、互利共赢"的丝绸之路精神，汇聚国际智慧，聚焦联合国《仙台减灾框架》和可持续发展目标等议题，提出了 4 项科技行动计划和 9 项推进举措，支撑"一带一路"灾害风险防范与管理。4 项科技行动计划包括加强灾害风险认知、灾害风险管理、提高灾害风险抵抗能力建设、加强灾后重建对策。9 项推进举措主要包括加强灾害风险评估能力，促进大数据、灾害风险数据及新兴技术等共享与应用，建设高效灾害信息共享平台，加强社区、地方、国家、跨境、区域多层级风险管理科学研究、防灾减灾政策制定以及减灾应用，推进跨学科国际减灾科技计划。同时，《宣言》强调发挥共建"一带一路"国家科研机构和组织的地域特点及多学科综合优势，促进《仙台减灾框架》和《2030 年可持续发展议程》的教育推广，特别关注培养青年科学家和发挥青年科学家在其专业领域的作用，鼓励政府和社会加强减灾科技投入，倡导发挥学会智库作用，加强推广社会广泛参与减灾科技创新项目，强化学科交叉在灾前规划、灾害预防、灾害应急及灾后重建恢复中的作用。《宣言》致力于推动联合国《仙台减灾框架》《巴黎气候变化协议》和《2030 年可持续发展议程》在共建"一带一路"国家落地，围绕防灾减灾和可持续发展面临的重大科技问题和挑战，强调加强共建"一带一路"国家、城市、机构与社区灾害信息、科技与政策互通、共商、共建与共享的重要性，呼吁共同制定符合区域特色的灾害风险管理计划，构建协同减灾合作的长效机制，为"一带一路"建设提供坚实的科技支撑。

因此，为打造共建"一带一路"国家应急管理官方合作平台，或可在中央层面设立"一带一路"安全与应急专门协调议事机构。例如，可考虑在国家安全委员会之下，专门设立"一带一路"安全与应急分委员会，作为"一带一路"境外涉我突发事件应急管理的最高决策和议事协调机构。原因有二：一是可以解决"一带一路"境外重大突发事件应对中需要党、政、军各方力量系统整合与高度协同的关键问题；二是可以兼顾内部安全与外部安全、国土安全与国民安全、自身安全与共同安全等若干方面的统筹安全问题。"一带一路"安全与应急协调议事机构主要聚焦于"非常规"情景，对关系"一带一路"建设安全的重大事项进行讨论研究和统筹决策，制定最高安全政策，对境外发生的涉我重大突发事件处置做出政治层面的决策，并统一领导可能涉及的中央与国家有关部门。在非常规紧急状态下，应急管理部、卫生健康委员会、公安部、国家安全部等现有应急管理机构统一纳入国家安全委员会框架之下，接受统一领导。而对于一般性的常规境外涉我突发事件，仍然按照原有的四大类突发事分类响应（其中自然灾害、事故灾难类归口应急管理部）的机制进行应对处置。

三、"一带一路"次区域应急管理合作平台

东盟地区还存在多样化的次区域合作机制，这些机制有些是专门针对

灾害建立的，有些虽然不是专为减灾而建立，但也非常重视减灾，以及重视协调减灾与发展之间的关系，如湄公河委员会（Mekong River Commission），台风委员会（Typhoon Committe）、热带风暴工作组（Panel on Tropical Cyclones）等。东盟地区还存在多样化的双边或多边合作机制，比如越南、菲律宾、印尼、老挝和马来西亚多边联合应对跨境烟霾污染机制、越南—柬埔寨—泰国合作应对泰国湾漏油机制，等等。2009 年，越柬泰三国签订了《三边联合行动计划（2009—2015)》，主要任务是完善海洋上漏油监察和评价以及克服其所造成后果的法律框架；健全与提高漏油监察能力；宣传以提高人们对漏油问题的认识；发展克服与应对漏油问题的各种服务；同国际各国配合防范与应对漏油现象。此外，越南还与菲律宾进行了海上搜救及海上漏油事故双边合作计划，计划包含了以下 5 项主要内容：（1）完善有关海上漏油风险预测和事故发生后应急措施的法律框架；（2）健全监测和预警系统以及时应对海上漏油事故；（3）组织应对泄漏事故的培训和演习活动，加强对环保宣传；（4）研发和利用科学技术，提高应对漏油事故的能力；（5）推动防范和应对漏油事故的国际合作。

东盟除了建立 AHA 中心和签署《东盟灾害管理与紧急应对协议》等相关措施外，东盟及其成员国建立的一些平台也补充了东盟在应对地区灾害中的作用。从东盟成员国的层次看，东盟防长会议在 2006 年成立，特别强调在包括灾害救援等非传统安全领域加强合作。2014 年 4 月，新加坡倡议在东盟防长会议（ADMM）框架下成立地区人道主义援助和救灾协调中心。一旦建立，这个中心将可以发挥补充东盟人道主义救援协调中心（AHA 中心）功能的作用，加强在人员搜救等方面的军民协作能力。另外，东盟各成员国也有自己的灾害救援协调机制，部分成员国间也建立了一些双边的灾害救援协调机制。从东盟对外关系上看，东盟地区论坛年度会议为各利益相关者讨论地区安全问题提供了很好的机会。"东盟 +3"也从关切经济和金融问题，逐渐转移到可持续发展、环境和灾害管理等方面，已经成为东南亚和东亚地区合作的多边平台。2005 年成立的东亚峰会从最初的"东盟 +6"演变成"东盟 +8"，成为各国领导人讨论类似问题的高端平台。以东盟防长会议为基础的"东盟 +8"国家组成的东盟防长扩大会议在 2010 年成立，成为各国在跨国安全问题上，包括人道主义援助 / 救灾、海洋安全、维和、反恐和军事医学等方面进行对话与交流的平台。2013 年 6 月，东盟防长扩大会议在文莱举行了人道主义援助 / 救灾和军事医学的军事演习，来自 18 个国家的 2000 多名士兵参加了演习。另外，东盟也与其一些对话伙伴建立了双边的协调灾害救援的联系渠道。

　　结合东盟关于建立次区域合作机制相关经验的同时，我们也可参考我国现有的"一带一路"次区域应急管理合作平台建设的已有成果与不足，着力打造一个全面、科学的共建"一带一路"国家应急管理官方合作平台体系。以"21 世纪海上丝绸之路"海洋与气象灾害应急管理平台建设为例，"21 世纪海上丝绸之路"国家间启动了一些防灾减灾国际合作组织和机制，如仙台减灾计划、东盟防灾减灾合作机制、中国与东盟和南亚国家的双边或多边防灾减灾协定等。我国与东南亚和南亚国家也已经开展双边合作，相关研究机构与印度尼西亚、泰国、斯里兰卡等国家开展了海洋环境预报系统开发和台站建设。但以上均属于小范围双边合作，还没有形成区域性、联合性的海洋环境保障合作组织和机制。

　　由于参加的国家有限，且沿线各国间信息共享机制不健全，没有专门针对"21 世纪海上丝绸之路"沿线国家间海洋防灾减灾国际合作的平台与框架，难以达到海上丝绸之路沿线区域间海洋灾害管理的效应。为了改善这种状况，或可从以下几方面进行改进：一方面，构建海洋灾害数据库，研究海洋灾害科学规律。联合"21世纪海上丝绸之路"沿线国家和地区，对沿线海洋灾害进行全面、系统的调查，整合海洋灾害监测与调查数据，构建孕灾背景和灾害数据库，并实现与气象、水利、海事等部门的数据对接。厘清典型海洋灾害的时空分布，准确辨识潜在灾害风险，系统分析灾害区域性分布规律、成灾机理、演化规律、致灾特点，并深入研究重大海洋灾害孕育成灾机理；另一方面，建立"21世纪海上丝绸之路海洋灾害联合预警中心"。构建"21世纪海上丝绸之路海洋灾害联合预警中心"框架，建立多国协调、区域合作、信息共享的海洋灾害预警和防范联动机制，与其他现有的合作机制形成合作和补充关系。通过沿线国家围绕海洋灾害预警展开工作，在基础信息数据共享、人员培训、国际救援、发布指导产品等方面推进合作，发挥中国在海洋防灾减灾科技进步和区域间国际规则制定方面的技术优势和引领作用。在预警中心框架下设立重大国际合作研究计划，开展跨越国界的海洋灾害研究工作，联合沿线国家共同开展风险分析，制定防灾减灾规划，提出灾害风险管理和应对策略。"21世纪海上丝绸之路"沿线国家共同建立政府间组织"21世纪海上丝绸之路海洋灾害联合预警中心"，由各成员国提供支持。建立"海上丝绸之路海洋灾害联合预警中心"既为推进"海上丝绸之路"倡议提供重要保障，也是实现沿线各国民心相通的重要抓手。联合预警中心将主动对接我国在沿线海域重大海上工程、海上活动、涉海产业等领域对海洋环境安全保障的需求，针对"21世纪海上丝绸之路"沿线重要支点、关键通道开展海洋灾害预报预警业务，为我国在沿线的涉海工程和涉海活动提供全程、优质的海洋灾害预警报保障服务。联合预警中心还将为沿线各成员国提供专业海洋灾害预警报公共产品，提升其海洋灾害应对和预防能力，加深各国人民间的互信和友谊。

参考文献

[1] 习近平:《充分发挥我国应急管理体系特色和优势 积极推进我国应急管理体系和能力现代化》,《人民日报》2019 年 12 月 1 日。

[2] 王俊、赵林涛、许凯薇等:《重大疫情背景下医疗保障与公共卫生应急管理体系的挑战与设想》,《河南大学学报（医学版）》2021 年第 40 期。

[3] 孟维杰:《"后疫情时代"构建人类命运共同体的心理学思考》,《苏州大学学报（教育科学版）》2021 年第 9 期。

[4] 赵柳、李爱芳:《马克思社会共同体思想的当代意义》,《决策探索（下）》2021 年第 2 期。

[5] 赵斌:《人类命运共同体理念与全球气候治理创新》,《西安交通大学学报》2021 年第 2 期。

[6] 金天栋、任晓:《"人类命运共同体"国际传播的"共通的意义空间"研究》,《社会科学》2021 年第 2 期。

[7] 冯霞、胡荣涛:《人类命运共同体视阈下"一带一路"话语体系构建》,《厦门大学学报（哲学社会科学版）》2021 年第 1 期。

[8] 袁双:《共同体理念下的生态文明建设》,《资源节约与环保》2021 年第 1 期。

[9] 李雪峰:《我国应急事业高质量发展的新方略》,《中国应急管理》2021 年第 1 期。

[10] 张晓君:《应急管理现代化"堕距"的生成与弥合》,《行政论坛》2021 年第 28 期。

[11] 江文森、陈宥廷:《新时代海洋灾害应急管理法律制度的完善》,《中国集体经济》2021 年第 3 期。

[12] 蔺海鲲、哈建军:《多元文化共生与人类命运共同体的构建》,《甘肃社会科学》2021 年第 1 期。

[13] 曾志诚:《人类命运共同体与全球治理秩序》,《江汉大学学报 (社会科学版)》2021 年第 38 期。

[14] 赖俊雅:《构建人类命运共同体——引领全球治理变革》,《现代商贸工业》2021 年第 42 期。

[15] 肖雪:《在携手抗疫中书写人类命运共同体新篇章》,《文化产业》2021 年第 2 期。

[16] 张小瑛:《新冠肺炎疫情下地方政府公共危机治理研究》,《华北理工大学学报 (社会科学版)》2021 年第 21 期。

[17] 公超熠、张艳秋:《"人类命运共同体"理念的当代价值探析》,《通化师范学院学报》2021 年第 42 期。

[18] 刘从德、谭春霞:《习近平新时代中国特色社会主义思想的世界治理意义》,《中国地质大学学报 (社会科学版)》2021 年第 21 期。

[19] 钟震山:《全球治理视域下人类命运共同体思想研究》,《决策探索 (中)》2021 年第 1 期。

[20] 吴昂:《人类命运共同体视域下国际环境法治实现研究》,《中国矿业大学学报 (社会科学版)》2021 年第 23 期。

[21] 田江太:《人类命运共同体:一种新型全球性文明的开创》,《中国矿业大学学报 (社会科学版)》2021 年第 23 期。

[22] 李辉:《共同构建人类命运共同体的中国担当》,《奋斗》2021 年第 2 期。

[23] 郭雪松、赵慧增:《突发公共卫生事件应急预案的组织间网络结构研究》,《暨南学报 (哲学社会科学版)》2021 年第 43 期。

[24] 曾学斌、胡晓建:《紧急状态视域下处理突发公共卫生事件的策略分析》,《湖北文理学院学报》2021 年第 42 期。

[25] 唐奎:《人类命运共同体:理念提出及构建价值》,《河北省社会主义学院学

报》2021 年第 1 期。

　　[26] 李艳杰、王超、高金金：《由新冠肺炎疫情引发的关于突发公共卫生事件应急管理体系研究》，《天津科技》2021 年第 48 期。

　　[27] 高云涌：《全球治理的实质公共性——人类命运共同体的公共哲学审视》，《理论探讨》2021 年第 1 期。

　　[28] 杨鲁慧：《百年变局下的国际格局调整与中国引领新型周边关系》，《理论探讨》2021 年第 1 期。

　　[29] 孟书广：《习近平对马克思政治公正思想的继承与创新》，《沈阳工业大学学报（社会科学版）》2021 年第 1 期。

　　[30]《共同构建人类命运共同体》，《小康》2021 年第 2 期。

　　[31] 李泉：《数字命运共同体：建构人类命运共同体的重要路径》，《西南民族大学学报（人文社会科学版）》2021 年第 42 期。

　　[32] 王小锡：《新时代中国之治的伦理意蕴》，《道德与文明》2021 年第 1 期。

　　[33] 周新民：《习近平全球治理重要论述与人类命运共同体理念的世界意蕴》，《红旗文稿》2021 年第 1 期。

　　[34] 于思远、顾帅、刘桂海：《人类命运共同体与全球体育治理的中国方案——基于文化国际主义的视角》，《西安体育学院学报》2021 年第 38 期。

　　[35] 徐伟轩、吴海江：《人类命运共同体文化建构的目标、挑战与路径》，《思想理论教育》2021 年第 1 期。

　　[36]《共同构建人类命运共同体》，《求知》2021 年第 1 期。

　　[37] 李继伟、徐丽君、王爽：《加快完善我国公共卫生应急管理体系》，《宏观经济管理》2021 年第 1 期。

　　[38] 李春峰：《习近平人类命运共同体理念的三维审视》，《南方论刊》2021 年第 1 期。

　　[39] 李佳、张治理：《践行人类命运共同体文化理念的逻辑探析》，《河南理工大学学报（社会科学版）》2021 年第 22 期。

　　[40] 潘家栋：《重大公共卫生突发事件中的科技支撑机制研究》，《科技视界》2021 年第 1 期。

[41] 赵小卓：《推进全球安全治理之中国方案》，《外语学刊》2021年第1期。

[42] 秦天宝：《中国履行〈生物多样性公约〉的过程及面临的挑战》，《武汉大学学报（哲学社会科学版）》2021年第74期。

[43] 孔庆江：《习近平法治思想中的全球治理观》，《政法论坛》2021年第39期。

[44] 欧阳辉纯、王木林：《从中国之治到构建人类命运共同体——习近平新时代中国特色社会主义思想的政治学意涵》，《吉首大学学报(社会科学版)》2021年第42期。

[45] 陈永杰、陈家宁：《全周期视角下应急管理体系的完善路径》，《审计观察》2021年第1期。

[46] 丁荣嵘：《浅谈中国应急管理体制的变革与展望》，《中国管理信息化》2021年第24期。

[47] 熊彬臣：《新冠疫情下境外铁路项目安全风险和对策研究》，《建筑经济》2020年第41期。

[48] 高冰馨、苏伟：《突发公共卫生事件中医用应急物资安全库存管理》，《解放军医院管理杂志》2020年第27期。

[49] 王文秀：《人类命运共同体：中国外交话语体系构建的探讨》，《海南广播电视大学学报》2020年第21期。

[50] 黄珍霞、周海燕：《常态化防疫背景下健全我国公共卫生应急管理体系研究》，《决策咨询》2020年第6期。

[51] 邹玉：《人类命运共同体理念与共产主义理想的同构性论析》，《江苏省社会主义学院学报》2020年第21期。

[52] 袁茵：《人类命运共同体视域下的全球战"疫"》，《商丘职业技术学院学报》2020年第19期。

[53] 崔云逸、李浩：《从新冠疫情看日本的应急管理机制》，《日本问题研究》2020年第34期。

[54] 吴晓君、余波、曾艺鹏等：《突发公共卫生事件应急管理与公立医院体系建设的思考》，《中国医药导报》2020年第17期。

[55] 张广泉、董传仪、孙守军等：《我国应急产业发展现状存在的主要问题及对策》，《中国应急管理》2020年第12期。

[56] 曹帅、徐浩特：《新时代中国特色社会主义的世界影响》，《公关世界》2020年第24期。

[57] 张广泉、董传仪、孙守军等：《我国应急管理关键核心技术的应用和创新》，《中国应急管理》2020年第12期。

[58] 崔建霞：《论习近平生态文明思想中的公平正义意蕴》，《思想理论教育导刊》2020年第12期。

[59] 朱雪微：《"百年未有之大变局"下的中国方略》，《思想理论教育导刊》2020年第12期。

[60] 侯艳洪：《新冠肺炎疫情背景下高校突发公共卫生事件应急管理能力的思考》，《健康教育与健康促进》2020年第15期。

[61] 商莹：《关于推进我省现代化城市应急管理系统建设的建议》，《贵州社会主义学院学报》2020年第4期。

[62] 刘春玲：《人类命运共同体的时代诠释——以新冠疫情防控为例》，《思想政治教育研究》2020年第36期。

[63] 弓顺芳：《新时代我国应急管理能力研究》，《中共郑州市委党校学报》2020年第6期。

[64] 马家奇：《建设完善公共卫生应急管理信息体系的思考》，《中国卫生信息管理杂志》2020年第17期。

[65] 赵杰艺、邓星：《大变局中的中国与世界》，《中国出版》2020年第24期。

[66] 屈亚：《构建人类命运共同体理念的理论特色与实践路径》，《中国井冈山干部学院学报》2020年第6期。

[67] 张西立：《人类命运共同体：基于"中国道路"的"全球伦理"》，《中国井冈山干部学院学报》2020年第4期。

[68] 陈志军：《重大突发公共卫生事件下应急财务管理体系建设》，《中国管理会计》2020年第4期。

[69] 宋亚胜、马发涛、余睿文：《从疫情防控看大型民用机场应急管理体系的构建》，《民航管理》2020年第12期。

[70] 刘兵、彭明强：《后疫情时代对我国国家公共卫生应急管理体系思考》，《中

国公共卫生》2020 年第 36 期。

[71] 徐婷、鲍勇、王韬:《中国公共卫生应急管理体系的变迁与效果分析》,《中国公共卫生》2020 年第 36 期。

[72] 刘波:《百年未有之大变局下全球治理面临的挑战及中国的参与路径》,《教学与研究》2020 年第 12 期。

[73] 洪福、张金凤:《习近平人类命运共同体思想的基本特征》,《漳州职业技术学院学报》2020 年第 22 期。

[74] 闫欣、刘友田:《构建人类命运共同体的三重维度》,《福州党校学报》2020 年第 6 期。

[75] 谭波、王玉:《论应急行政法的部门定性及其法治发展路径》,《江汉学术》2021 年第 40 期。

[76] 黄延敏、祁飞:《构建人类命运共同体的历史底蕴与时代价值》,《首都师范大学学报(社会科学版)》2020 年第 6 期。

[77] 李彦文、李慧明:《全球气候治理的权力政治逻辑及其超越》,《山东社会科学》2020 年第 12 期。

[78] 李华汐、黄旻鹏、黄同林:《关于推进基层政府应急管理能力现代化的思考》,《劳动保护》2020 年第 12 期。

[79] 冯玉婷:《习近平新时代中国特色社会主义思想的时代意蕴与丰富发展》,《产业与科技论坛》2020 年第 19 期。

[80] 刘恋:《人类命运共同体:中华优秀传统文化的现代性转换》,《长沙理工大学学报(社会科学版)》2020 年第 35 期。

[81] 习近平:《携手共建人类命运共同体　造福世界各国人民》,《法音》2020 年第 11 期。

[82] 何岩柯、彭宗超、李刚等:《完善疫情防控体制机制与公共卫生应急管理》,《人民论坛》2020 年第 33 期。

[83] 郑国光:《我国应急管理体系与能力建设的四个着力点》,《人民论坛》2020 年第 33 期。

[84] 高仓健、梁钦:《人类命运共同体理念的国际传播价值与推进路径》,《齐齐

哈尔大学学报（哲学社会科学版)》2020 年第 11 期。

[85] 徐东华：《疫情背景下网络信息安全问题反思及对策》，《网络空间安全》2020 年第 11 期。

[86] 陈本昌、崔日明：《"人类命运共同体"视角下新冠肺炎疫情对世界经济的影响及应对分析》，《区域与全球发展》2020 年第 4 期。

[87] 王义桅：《习近平外交思想如何引领中国特色大国外交》，《现代国际关系》2020 年第 11 期。

[88] 王志民、陈宗华：《"一带一路"：新时代对外开放抉择的认知与启示》，《思想理论教育导刊》2020 年第 11 期。

[89] 张安冬、刘琼莲：《人类命运共同体对西方全球正义观的超越》，《天津师范大学学报（社会科学版)》2020 年第 6 期。

[90] 刘严萍：《突发公共卫生事件视角下社区应急设施运营管理研究》，《决策探索（中)》2020 年第 11 期。

[91] 方铭勇：《应急管理中联防联控机制的实践与优化路径研究》，《宿州学院学报》2020 年第 35 期。

[92] 唐秋实：《人类命运共同体思想下中国外交软实力的提升》，《现代交际》2020 年第 21 期。

[93] 王兴鹏、崔明家：《基于全面质量管理的基层应急预案管理体系优化研究》，《安全》2020 年第 41 期。

[94] 孙伟锋：《完善基层应急管理体系》，《现代职业安全》2020 年第 11 期。

[95] 田方圆、田水承、李红霞等：《新冠疫情下民众心理特征与应急管理体系完善》，《中国安全科学学报》2020 年第 30 期。

[96] 戴大新、章越松：《夯实应对突发公共卫生事件的基层基础》，《江南论坛》2020 年第 11 期。

[97] 马宝成：《加强应急管理体系和能力建设　为"十四五"发展提供安全保障》，《经济社会体制比较》2020 年第 6 期。

[98] 李苏东、贾华峰、魏巍：《基于地理信息技术的自然灾害应急管理系统建设探讨》，《智能城市》2020 年第 6 期。

[99] 广东省社会科学界联合会中国（海南）改革发展研究院联合课题组：《改革完善公共卫生治理体系——新时代推进社会治理现代化的重大任务》，《新经济》2020年第11期。

[100] 王红漫：《突发公共卫生事件应急管理体系和能力及其评价体系研究进展》，《卫生软科学》2020年第34期。

[101] 甘清云：《浅谈网络安全事件应急演练》，《网络安全技术与应用》2020年第11期。

[102] 韩文龙、周文：《国家治理体系与治理能力现代化视角下构建公共卫生应急管理协同治理体系的思考》，《政治经济学评论》2020年第11期。

[103] 方中友：《高质量发展卫生健康事业》，《群众》2020年第21期。

[104] 张宁、张书维：《重大突发公共卫生事件下的应急管理策略：行为科学的视角》，《经济社会体制比较》2020年第5期。

[105] 徐汀：《"一带一路"背景下国际工程风险的应对策略》，《住宅与房地产》2020年第30期。

[106] 吴雨、胡文蓉、况长虹等：《面向自然灾害安全应急管理的通导遥一体化应用研究》，《中国新通信》2020年第22期。

[107] 刘亮：《我国灾害应急管理的发展及其成效研究》，《时代经贸》2020年第27期。

[108] 曾惠权、张美珍、叶美峰：《突发事件对医院应急管理的影响及对策》，《名医》2020年第13期。

[109] 何雨：《社会性次生灾害：概念溯源、生成逻辑与治理架构》，《治理现代化研究》2020年第36期。

[110] 刘晓乐：《重大自然灾害公路应急管理体系探讨》，《山东交通科技》2020年第4期。

[111] 杨志臣：《全球疫情背景下释放预防健康策略效能的多维思考》，《学习月刊》2020年第8期。

[112] 陆松林、王晓旭：《自然灾害应急管理经验对公共卫生应急管理的启示——从新冠肺炎突发事件谈起》，《中国应急救援》2020年第4期。

[113]熊彬臣:《基于高风险国别的境外铁路项目应急管理探讨》,《项目管理技术》2020 年第 18 期。

[114] 林跃勤、郑雪平、米军:《重大公共卫生突发事件对"一带一路"的影响与应对》,《南京社会科学》2020 年第 7 期。

[115] 保建云:《全球疫情防控的中国力量与中国速度》,《人民论坛》2020 年第 2 期。

[116] 沈曙铭:《浅述突发公共卫生事件与应急管理》,《实用口腔医学杂志》2020 年第 36 期。

[117] 罗丹:《我国自然灾害应急管理存在的问题及对策》,《中外企业家》2020 年第 8 期。

[118] 康荣学:《多方联动 协同开展应急科技攻关》,《中国应急管理》2020 年第 3 期。

[119] 袁胜:《新形势下更需加强网络安全应急管理》,《中国信息安全》2020 年第 3 期。

[120] 张海波:《应急管理的全过程均衡:一个新议题》,《中国行政管理》2020 年第 3 期。

[121] 陈平、王步放、张海洋:《中央企业信息安全应急响应建设规划》,《电子技术与软件工程》2020 年第 5 期。

[122] 李丽霞、彭小东:《"一带一路"背景下境外建设项目安全应急管理系统建设探讨》,《四川水利》2020 年第 41 期。

[123] 包笑:《新中国成立以来我国灾害应急管理的发展及其成效研究》,《中国管理信息化》2020 年第 23 期。

[124] 张海波:《发挥科教优势 服务应急管理》,《群众》2020 年第 3 期。

[125] 巴特尔、陈雷:《我国应急管理存在的问题及对策建议》,《中国安全生产》2020 年第 15 期。

[126] 本刊编辑部:《2019 年习近平总书记关于国家网信工作的重要讲话集萃》,《中国信息安全》2020 年第 1 期。

[127] 陈兰杰、杨睿:《国内应急信息采集研究进展及发展趋势研究》,《河北科

技图苑》2020 年第 33 期。

[128] 范升彦、姜洪耀：《"一带一路"背景下应急体制机制研究》，《中国安全生产》2019 年第 14 期。

[129] 秦智超、岳兆娟、田辉：《应急管理网络信息体系中的内生安全机制设计》，《中国电子科学研究院学报》2019 年第 14 期。

[130] 王永东、孙敏：《海外跨国长输管道社会安全应急管理探索与成效》，《中国安全生产科学技术》2019 年第 15 期。

[131] 顾金喜：《完善风险治理结构和治理体系，提升"一带一路"风险治理能力——"一带一路"风险治理分论坛综述》，《中国应急管理科学》2019 年第 6 期。

[132] 朱秋海：《大数据时代计算机网络信息安全问题研究》，《信息与电脑（理论版）》2019 年第 31 期。

[133] 本刊编辑部：《互学互鉴"一带一路" 开启新时代法治应急》，《中国安全生产》2019 年第 14 期。

[134] 刘芳：《地质灾害应急管理问题思考》，《区域治理》2019 年第 45 期。

[135] 夏一雪：《基于舆情大数据的社会安全事件情报感知与应用研究》，《现代情报》2019 年第 39 期。

[136] 李明、曹海峰、董泽宇等：《深入推进应急管理体制改革 全面提高自然灾害防治能力》，《中国应急管理》2019 年第 10 期。

[137] 李一行、刘兴业：《自然灾害防治综合立法研究：定位、理念与制度》，《灾害学》2019 年第 34 期。

[138] 袁泉：《探讨网络安全应急管理问题及对策》，《信息系统工程》2019 年第 9 期。

[139] 齐晓亮、刘学涛、李茹霞：《政府自然灾害应急管理存在的问题及对策》，《辽宁行政学院学报》2019 年第 4 期。

[140] 刘铁民：《构建新时代国家应急管理体系》，《中国党政干部论坛》2019 年第 7 期。

[141] 王宏伟：《中国应急管理改革：走进"深水区"后面临的误解与质疑》，《中国安全生产》2019 年第 14 期。

[142] 熊彬臣：《"一带一路"沿线项目综合管控模式构建》，《施工企业管理》2019 年第 6 期。

[143] 梁鸽、秦艳平、孔苏：《网络安全人才培养实践与建议》，《网信军民融合》2019 年第 4 期。

[144] 王志秋：《我国自然灾害应急管理面临的"黑天鹅"和"灰犀牛"风险浅析》，《中国应急管理》2019 年第 4 期。

[145] 曹海峰：《积极参与"一带一路"境外涉我灾害灾难的防范与应对》，《中国应急管理》2019 年第 4 期。

[146] 曹海峰、龚维斌：《完善"一带一路"境外涉我突发事件应急管理机制》，《中国党政干部论坛》2019 年第 4 期。

[147] 赵歌今、吴大明、步连增等：《"一带一路"东盟国家安全生产法律法规研究与对策》，《中国煤炭》2019 年第 45 期。

[148] 刘铁民：《新时代应急管理体系建设现状与展望》，《中国消防》2019 年第 3 期。

[149] 王宏伟：《统筹协调——新时代应急管理的核心能力》，《中国安全生产》2019 年第 14 期。

[150] 白文静：《"一带一路"经济走廊多元化协调机制的构建》，《甘肃社会科学》2019 年第 1 期。

[151] 王宏伟：《全面加强应急管理能力建设：改革开放 40 年经验的启示》，《中国安全生产》2019 年第 14 期。

[152] 巩寿兵：《法治视角下的网络安全应急管理》，《法制与社会》2019 年第 2 期。

[153] 刘永魁、孔昭君、张箐：《灾害应急管理全过程模型构建与分析》，《灾害学》2019 年第 34 期。

[154] 张晨阳、陈安：《突发事件与应急管理研究的趋势分析》，《农业图书情报学刊》2018 年第 30 期。

[155] 言雅娟：《"一带一路"建设的风险分析及对策建议》，《现代营销（创富信息版)》2018 年第 12 期。

[156] 张媛、李亦纲、王金萍等：《"一带一路"国家地震灾害背景及应急救援能

力评述》，《国际地震动态》2018 年第 11 期。

[157] 刘悦、杨桦：《基于大数据的自然灾害事件网络舆情信息监测平台》，《灾害学》2018 年第 33 期。

[158] 王宏伟：《应急管理部的国际视野：为"一带一路"建设保驾护航》，《中国安全生产》2018 年第 13 期。

[159] 夏保成：《中国应急管理的历史机遇》，《中国消防》2018 年第 5 期。

[160] 安昊、陈默、贺红旭等：《国际业务社会安全突发事件应急预案编制难点及对策研究》，《中国安全生产科学技术》2017 年第 13 期。

[161] 刘伟：《突发气象灾害应急管理效能研究》，《安徽农业科学》2017 年第 45 期。

[162] 梁军、吕婧、刘岩：《我国海洋生态灾害应急管理机制建设的对策研究》，《绿色科技》2017 年第 18 期。

[163] 李杰：《全球特大城市应急体系建设的经验与借鉴》，《党政论坛》2017 年第 2 期。

[164] 钟开斌：《我国公共安全的沿革与发展》，《中国减灾》2016 年第 1 期。

后　记

《新时代国家应急管理发展战略研究》是笔者五年摸索、探寻、构思、写作和修改的研究成果。本书课题研究的提出、全书谋篇布局及统稿润色均为笔者本人在奔忙辛劳中完成。

十八年前，一位自认芳华正茂的年轻人，怀揣着梦想，兴冲冲地来到北京这方热土。冬去春来，历经寒暑，埋头工作，辛勤耕耘，也是愉快的发展历程。

我有幸成为一个记录者，从北京到全国各地，我的笔跟随着我的脚步，记录下祖国发展与转型、光荣与梦想。有幸成为一个见证者，从祖国到海外，我的脚步跟随着时代的进步，记录下世界的和平共融、战略合作、包容发展，也记录下国家从"十二五"到"十四五"时期重大发展战略。积极探索产业、社会、国家、国际发展等相关问题。随着研究的不断深入，眼界和思路渐渐开阔，知识体系也逐步形成了从点到链及面的架构。从单一领域到多领域研究，从运用经济理论到融入国学思想，再到系统思考发展理论、战略与政策体系，愈发觉得公共管理与个人进步、国家发展的本质无异。皆不离自强不息、厚德载物之至理。

2011 年，我投入刘海燕教授门下攻读思想政治教育方向的博士学位。博士研究生学习是一个艰苦的创造性劳动过程，是融读书学习、研究思

189

考、创新学术为一体的包括诸多环节的过程，也是一个彰显学术研究性的过程。

也就是在这个时期，我对应急管理研究从兴趣转化为学术追求，并把它作为自己的重点研究方向。应急管理研究特别是中国应急管理研究，是非常严肃也非常有挑战性的工作。

学术研究是一条漫长而艰辛的路。主题只有两个字：奋斗。为了梦想奋斗，为了荣誉奋斗，为了未来奋斗，为了国家奋斗。奋斗意味着不断地努力，不断地忍受，不断地付出，不断地在跌倒又爬起中重复。压力最大的时候，我只能沉浸在探索和思念的世界里，寻求心灵的安慰。我深深懂得：在历经了基层的锻炼、时间的检验，才能学有所成，砥砺品质，让青春梦圆，书写出人生最美丽的华章。"既然选择了远方，便只顾风雨兼程；既然目标是地平线，那留给世界的只能是背影。"

五年应急管理研究中我悟出：做研究既要打开思路，不拘泥于经典理论与经验，又要融会贯通，推陈出新，以至诚之心提出至真问题，精研有效答案。

《新时代国家应急管理发展战略研究》全书的研究出发点是在习近平新时代中国特色社会主义思想的指导下，以新时代中国应急管理发展战略的研究视角，着眼今天，展望未来。站在新的历史方位，我在充分研究与总结国内外应急管理相关理论与实践成果的基础上，回顾了中国应急管理理论与实践的发展历程，总结了我国应急管理的变化特征，诠释中国特色的应急管理理论。本书从我国应急管理体系历史脉络入手，围绕我国应急管理部成立、新时代自然灾害类突发事件应急管理体系、新时代事故灾难类突发事件应急管理体系、新时代公共卫生类突发事件应急管理体系、新时代社会安全类突发事件应急管理体系、新时代网络安全类突发事件应急管理体系以及新时代应急管理国际合作与借鉴、共建"一带一路"国家风险与挑战应对措施等进行系统研究，从更高层次、更大范围、更宽视野探索适合中国的应急管理发展战略，进一步完善中国应急管理的战略思路，在各个层面为中国应急管理的战略导向提供相应参考，满足中国加快应急管理发展战略的政策需求。全书对新时代国家应急管理发展战略的重要意义、科学内涵、坚实基础、战略路线、主要原则、目标任务、实现路径等带有方向性、根本性的问题进行了系统全面的阐述和深刻透彻的解读。

当然，由于课题涉及的范围宏大，笔者以个人而非机构的力量进行研究，难免出现研究力量不足、缺乏权威性认可、数据不精准等瑕疵，部分观点可能角度不一样，很难符合所有人的看法，加之笔者水平有限，书中肯定有不足之处，笔者以后将继续加以改进，恳请广大读者批判指正。本书所涵盖的新概念、新理论、新策论、新举措，是否经得起实践和逻辑的检验，应由读者和历史来评判。本人将继续在新征程中做出顺应中国和世界大趋势的新研究！

本书只能算我学习和研究应急管理的一个阶段性成果，我会百尺竿头更进一步。

其实，我特别欣赏梭罗所言：很少懂得人们习以为常的欢乐与享受，一生都在寻求那种常人望而却步的美。

过程不易，过程很美。

本书得以顺利完成，特别要感谢我的博导刘海燕教授，从本书的选题、设计、调研到写作修改和定稿过程中，一而再、再而三的精心指导，而且给予较高的评价，使我切切感动而深深惭愧。她待人和善，治学严谨，不断求进、乐观开朗的性格对我的人生起了很大的影响。在本书写作过程中，她帮助我开拓研究思路，精心点拨、热忱鼓励，并为我给予悉心指导，才使得我在面对各种问题的时候得以豁然开朗。

感谢国是智库把本书列为重大研究成果，北京市博士爱心基金会把本书列入《博士文库计划》资助项目。

衷心感谢中国科学院院士邓军教授百忙中为本书作序。邓军院士是才华横溢的学者，他以严谨的治学之道、宽厚仁慈的胸怀、积极乐观的生活态度，为我树立了学习的典范。他对本书写作提出了独特的见解，使我的研究成果内容更加充实、论点更加明确、论据更加翔实。

感谢吕志青博士。她对本书写作提出了独特的见解和想法，使我的研究成果内容更加充实，论点更加明确，论据更加翔实。

非常重要的是，在书稿写作过程中，我的国是智库研究团队宋健、景峰、高子华、郭丽娜、李泽民、成功等同仁为我提供了各种形式的助研工作，他们的才华、热情和年轻人特有的乐观也融入了本书的内容。对于我本人来说，在新时代国家应急管理发展战略科学研究过程中，能够不断与年轻者以及更年轻者一路同行，实乃人生一大幸事。

非常感谢北京大学第四届毛泽东管理思想高级研究班（二期）所有老师、专家和全体同学们！这两年里，我们一路前行，走进北大红楼、北大燕园、韶山、长沙、杭州、常州、太原、长治、长春、长白山……我们互相学习，互相帮助，同频共振，共同进步！是他们给了我无尽的创作源泉和写作动力。

我所服务的国家发展改革委宏观经济杂志社、北京师范大学政府管理研究院、北京市博士爱心基金会为我的研究提供了直接或者间接的帮助，对他们的付出表示诚挚的谢意。分享通信集团董事局主席蒋志祥为本书的出版做了大量工作，一并表示感谢。

因为忙于工作的关系，此书的写作时间基本上都是夜晚和周末，在此衷心感谢所有家人、老师和朋友的支持和谅解，尤其是妻子与岳父母对宝贝儿子、女儿的悉心照顾，有了他们的付出，我才有时间尝试自己的创作爱好。

一直感谢我的父母和弟弟，他们一直那样关心、帮助、理解我。他们的默默支持更是我前进的动力，这一切，都促使我倍加珍惜现有的时间，害怕自己不够优秀，不足以回馈他们的关爱和支持。

十分感谢人民出版社的领导和本书责任编辑老师的远见、肯定、支持与辛劳，并致以崇高的敬意。若见书中若见不妥、争议甚或谬误，敬请各位读者、学者、前辈与朋友不吝批评或指正。

另外，在写作过程中引用或借鉴了一些公开的材料和观点，未能一一注明，在此一并对原作者表示诚挚谢意。

在这里，我也要感谢每一位有兴趣阅读此书的读者，是你们拥有对中华民族伟大复兴饱含憧憬的初心，才能摆脱纷繁世事来安心阅读这样一本并不是特别通俗的书。

学习、思考、实践、感悟是一个学而思、思而践、践而悟螺旋式上升的过程，只有不断学习、勤于思考，理论联系实践，最终才会有所领悟，有所提升。这种提升是对我政治品格、意志能力、工作成绩的提升，答出的是一份出彩的研究答卷。而当中国无数拼搏人生的出彩答卷汇集在一起，展现的却将是一幅盛世中国的图景，答出的是国家富强、人民幸福的华美篇章！

衣带渐宽终不悔，为伊消得人憔悴。五年的付出与坚守，是我对应急管理研究的执着和热爱。我希望这份付出与坚守，能够为推动中国应急管理研究做出积极的贡献。

在今后的日子里，我将把所有人对我的感谢化作行动，唯有以更加严格的标准来要求自己，以求有更优异的表现，为祖国贡献、为国家服务，贡献自己的智慧和力量。

在漫长的历史长河里，每个人都是沧海一粟。然而，借助科学发展和创新，一个人的力量看似微小，却也有改变真实世界的可能，而我们所赖以生活的世界，就是由众多的个人力量共同创造的。我喜欢自己这个历史悠久、文化灿烂、社会安定、政治清明的国家。祖国目前还处于发展阶段，需要凝聚人人创新力量，为祖国、为中华民族的发展和复兴而努力。

易昌良

2024 年 1 月 25 日于玉渊潭

责任编辑：杨瑞勇

封面设计：姚　菲

图书在版编目（CIP）数据

新时代国家应急管理发展战略研究／易昌良　著 . — 北京：人民出版社，
　　2024.3

ISBN 978 － 7 － 01 － 026298 － 7

I.①新…　II.①易…　III.①突发事件－公共管理－研究－中国　IV.① D63

中国国家版本馆 CIP 数据核字（2024）第 033049 号

新时代国家应急管理发展战略研究
XINSHIDAI GUOJIA YINGJI GUANLI FAZHAN ZHANLÜE YANJIU

易昌良　著

人民出版社 出版发行
（100706　北京市东城区隆福寺街 99 号）

北京汇林印务有限公司印刷　新华书店经销

2024 年 3 月第 1 版　2024 年 3 月北京第 1 次印刷
开本：710 毫米 ×1000 毫米 1/16　印张：13.25
字数：163 千字

ISBN 978 － 7 － 01 － 026298 － 7　定价：78.00 元

邮购地址 100706　北京市东城区隆福寺街 99 号
人民东方图书销售中心　电话（010）65250042　65289539